Adolf Holl

Können Priester fliegen?

Plädoyer für den Wunderglauben

Residenz Verlag

Bibliografische Information der Deutschen Bibliothek
Die Deutsche Bibliothek verzeichnet diese Publikation in der Deutschen Nationalbibliografie; detaillierte bibliografische Daten sind im Internet über http://dnb.d-nb.de abrufbar.

www.residenzverlag.at

Umschlaggestaltung: www.boutiquebrutal.com
Umschlagbild: © Filius de Lacroix
Typografische Gestaltung, Satz: Ekke Wolf, typic.at
unter Verwendung der Schrift Minion
Gesamtherstellung: CPI Moravia

ISBN 978-3-7017-3261-6

Für J. H.

Inhalt

Verlässliche Augenzeugen

Kardinal Schönborn hat mir erzählt, wie der Padre Pio sich vor einer Gruppe von Diplomaten in die Luft erhob, gegen seinen Willen. Ihm sei das irgendwie peinlich gewesen.

Wenn das stimmt, dann ist das Gerede vom schlechten Zustand der Religion und ihrer Diener, in das ich gelegentlich eingestimmt habe, eher witzlos. Dann ist Religion so munter wie vor zweitausend Jahren, als die Welt voller Götter war, in der Militärdiktatur des römischen Imperiums zur Zeit Christi. Dann wollen und bekommen die Leute ihre Priester, die einen halben Meter über dem Boden schweben. In jedem zweiten Taxi Italiens baumelt der Padre Pio vom Rückspiegel.

Die Priester im Vatikan können nicht fliegen. Deshalb prüfen sie die Geschichten von Wunderpriestern sehr genau, ehe sie dem Papst einen Akt zur Unterschrift vorlegen, der eine Heiligsprechung betrifft. Padre Pio ist 2002 heiliggesprochen worden.

Nicht alle Wunderpriester können fliegen. Dafür sollen manche von ihnen Tote aufgeweckt und Teufel ausgetrieben haben wie Jesus Christus. Hauptsache, ein Priester wirkt Wunder. Wenn er das nicht kann, bekommt er ein Problem. So ist es mir ergangen, und deshalb schreibe ich dieses Buch.

Unter den 25 000 approbierten Heiligen der katholischen Kirche gibt es nur einen, der aus eigener Kraft über die Köpfe der Gläubigen hinwegfliegen konnte. Das war Josef von Copertino, gestorben 1603. Vortreffliche Augenzeugen, so Papst Benedikt XIV., berichteten unter Eid von überaus häufigen Levitationen und Flügen dieses ekstatischen Dieners Gottes. In die Physikstunde passt dieser Befund überhaupt nicht.

Eine andere Geschichte, die ich von Kardinal Schönborn habe, spielt vor dem Beichtstuhl des Padre Pio. In der Warteschlange stand ein Mann mit chronischem Schluckauf. Dann war Schluss mit dem Beichten, weil Padre Pio müde war. Er ging die Warteschlange entlang, blieb vor dem Patienten mit dem Schluckauf stehen und gab ihm eine kräftige Ohrfeige. Der Mann war auf Dauer geheilt.

Eine weitere Geschichte vom Padre Pio erzählte mir vor Jahren der ehemalige Sekretär des Prager Erzbischofs František Tomášek. Mit seinem Mitbruder Karol Wojtyla aus Krakau hatte Tomášek 1963 Padre Pio besucht, während einer Sitzungspause des Zweiten Vatikanischen Konzils. In 15 Jahren wirst du Papst sein, habe Padre Pio zu Wojtyla gesagt, und: Ich sehe Blut. Johannes Paul II. wurde im Mai 1981 während einer Generalaudienz auf dem Petersplatz durch Pistolenschüsse lebensgefährlich verletzt. Blut ist immer gut für die Heiligkeit.

Der Kampf geht weiter

Und immer hat der Teufel die Hand mit im Spiel. Simon Petrus, der erste Papst, konnte nicht fliegen. Sein Gegenspieler Simon Magus hingegen soll ein Zauberkünstler ersten Ranges gewesen sein. In Rom wurde erzählt, dass Simon Petrus einen geräucherten Thunfisch zum Zappeln brachte. Da sei Simon Magus aufgetaucht und über die Dächer der Ewigen Stadt geflogen, bis die Gebete Petri ihn zum Abstürzen brachten. Auch Moses und Aron hatten Probleme mit den ägyptischen Zauberern, die ohne Weiteres einen Stecken in eine Schlange verwandeln konnten, wie die Bibel weiß.

Jahrzehntelang trieb es der Teufel im Pfarrhaus von Ars, einem Dorf nördlich von Lyon, wo Jean-Marie Vianney von 1818 bis 1859 wirkte. Er geißelte sich täglich und lebte von Kartoffeln, die er auf Vorrat kochte und kalt verspeiste. Des Nachts hämmerten Schläge durch das Gebäude, Möbel wurden verrückt, ein Gemälde der Mutter Gottes war eines Morgens mit Kacke beschmiert. Das war der *grappin,* wie Vianney den Teufel nannte. Vianney saß von zwei Uhr in der Früh bis gegen Abend im Beichtstuhl, um anreisenden Aristokraten die Leviten zu lesen und armen Bauern Mut zuzusprechen. Das ärgerte den Teufel.

Überlegene Intelligenz lässt sich dem Teufel des Pfarrers von Ars nicht zuschreiben: Getöse und Geplärr, nie ein vernünftiges Wort, wie es einem gefallenen Engel zustünde, wie man es zum Beispiel aus der biblischen Geschichte von den drei Versuchungen Christi in der Wüste kennt.

Der französische Schriftsteller Georges Bernanos hat das gespürt, als er 1926 »Die Sonne Satans« veröffentlichte. Am Ende der Begegnung seines Landpfarrers mit dem Leibhaftigen lässt er Satan sagen: Wir werden mit Klugheit unsere Arbeit an dir tun.

Gemeinsam mit dem gleichfalls katholisierenden Graham Greene (»Die Kraft und die Herrlichkeit«, 1940) bastelte Bernanos an einem realistischen Priesterbild ohne Wunderkräfte und mit einem Gott, der durch Abwesenheit glänzt wie später bei Beckett. Bernanos und Greene habe ich als junger Priester gelesen, auch Gertrud von le Fort, Reinhold Schneider, Evelyn Waugh. In Österreich schrieb Friedrich Heer, mit dem ich befreundet war.

Vorbei. Geblieben ist Beckett, und der benötigte keinen Teufel mehr.

Erzbischof Emmanuel Milingo dagegen, geboren 1930 in Sambia, kann auf eine reiche Erfahrung im Umgang mit gefährlichen Fremdinstanzen zurückblicken. In Lusaka wurde seine Kompetenz im Austreiben von Teufeln in aller Öffentlichkeit legendär, bis ihn der Vatikan 1983 nach Rom abkommandierte, wegen seiner unkonventionellen Auffassungen von priesterlicher Wunderkraft. Gleichwohl blieb er auch in Italien ein Darling des Fernsehens, heiratete 2001 während einer Massentrauung der Vereinigungskirche des Reverend Mun in New York die Akupunkteurin Maria Sung aus

Korea, ließ sich von Johannes Paul II. dazu überreden, in der kleinen Gemeinde Zagarolo bei Rom sein Priesteramt wieder auszuüben, bis er 2006 in Washington ein Comeback versuchte und vier verheiratete Priester zu Bischöfen weihte – was ihm die Exkommunikation einbrachte. Für Milingo, der inzwischen wieder mit seiner Gattin in Sambia lebt, ist Satan so real wie Jesus Christus. Der Kampf geht weiter.

Okkulte Kräfte

Was tun? In der Angelegenheit des mit Kacke beschmierten Marienbildes über dem Treppenabsatz seines Pfarrhauses musste Vianney eine Niederlage einstecken und das andächtige Gemälde wegschließen. Es gab namentlich genannte Augenzeugen des Frevels. Dessen Ursache freilich blieb unaufgeklärt. Niemand kam auf die Idee, einen fachkundigen Abstrich von dem fraglichen Stuhlgang machen zu lassen, zum Zweck genauer Prüfung nach den Regeln der Wissenschaft. So blieb die theologisch hochinteressante Frage offen, ob die sakrilegische Substanz biologisch übernatürlich war oder nicht.

Der aus Ars gebürtige Abbé Renard hat ausgesagt, er habe mit eigenen Augen das ekelhaft beschmutzte Gemälde der allerseligsten Jungfrau gesehen; die Gestalt der Maria sei unkenntlich gewesen. Den fraglichen Vorgang hat er nicht beobachtet. Bei Vernachlässigung der Annahme eines eher unwahrscheinlichen Paralleluniversums ohne Wasserstoffatome bleibt nur der arme Vianney übrig, mit seinem *grappin* in der Stille der Nacht.

Im Jahr 1980 wurde die sogenannte multiple Persönlichkeitsstörung in das diagnostische Handbuch der American Psychiatric Association aufgenommen. Seitdem widmet sich die nervenärztliche Aufmerksamkeit zunehmend einem eher extravaganten Zustandsbild, das mindestens zwei verschiedene Persönlichkeiten abwechselnd auf der Kommandobrücke des Ego zeigt, die voneinander nichts wissen. Wenn die Zweitinstanz negativ kodiert ist, kann die Rolle vom christlichen Teufel besetzt werden, wie im Fall des Pfarrers von Ars. Wir sind Kameraden, meinte Vianney über das Verhältnis zu seinem *grappin*. Dessen Belästigungen nahmen mit der Zeit ab, wie aus den Akten des Heiligen Stuhls zur Kanonisierung Vianneys hervorgeht. In den letzten Jahren seines Lebens wurde der Pfarrer von Ars vom Teufel in Ruhe gelassen.

Für den ständig wachsenden Zustrom von Pilgerscharen aus ganz Frankreich wirkten die Aktionen des Widersachers im Energiefeld Vianneys höchst anziehend. Auf dem Lyoner Bahnhof Perrache wurde ein eigener Schalter für den Fahrkartenverkauf in Richtung Ars eingerichtet.

Vianney schilderte nicht ungern die wilden Streiche seines *grappin* mit allen Details, zur Freude der Kinder im Katechismusunterricht. Von den Amtsbrüdern in den benachbarten Pfarreien wurde der Mitbruder deswegen ausgelacht – bis der dämonische Kamerad des Pfarrers von Ars auch in einem auswärtigen Pfarrhaus tätig wurde, wo wegen eines Jubiläums mehrere Geistliche übernachteten, gemeinsam mit Vianney. Dessen Bett bewegte sich unter Höllenlärm von der Stelle.

Das war allerdings eine eher bescheidene Leistung im Vergleich zu den Bewirkungen, die in Gegenwart des gebürtigen Schotten Daniel Douglas Home beobachtet wurden, eines Zeitgenossen des Pfarrers von Ars. Im Gegensatz zu Vianney sprach Home nicht vom Teufel, sondern von Geistern *(spirits)* ohne moralische Bewertung. In Florenz konnte es ohne Weiteres passieren, dass während einer Séance Homes die Klavier spielende Gräfin Orsini mitsamt dem Flügel vom Boden abhob. Während seiner aktiven Jahre von 1850 bis 1870 wurde Home eine in ganz Europa bekannte Respektsperson, die auch von Papst Pius IX. empfangen wurde. Eine Heiligsprechung Homes wurde im Vatikan gleichwohl nicht erwogen. Die fliegende Gräfin hatte gegen die Warteschlange von täglich 300 Personen vor Vianneys Beichtstuhl keine Chance.

Klingenberg

Im Ranking der Wunderkräfte kam das Teufelsaustreiben früher einmal gleich nach dem Totenaufwecken. Der Sohn Gottes galt als Sieger über die Dämonen, deren Frage an ihn eher ängstlich klang: Was willst du von uns?

Wenn sie es nicht mit dem Chef persönlich zu tun haben, sondern mit einem gewöhnlichen Priester aus der Gegenwart, können die Satansboten allerdings sehr unverschämt werden – wie von Ende September 1975 bis Ende Juni 1976 in Klingenberg am Main, Unterfranken. Die Kulturanthropologin Felicitas Goodman (gest. 2005), mit der ich befreundet war, hat 42 Tonbänder abgehört, die während der exorzistischen Vorgänge aufgenommen wurden. Sie endigten mit dem Tod der Pädagogikstudentin Anneliese Michel. Die Befallene stank entsetzlich, trat mit dem Fuß gegen den Exorzisten, biss nach links und rechts, musste von drei Männern gehalten werden, brüllte und tobte, ihr Körper wurde geschüttelt. Felicitas musste öfter das Tonband anhalten, um sich zu beruhigen und ihren Brechreiz zu mildern.

Quot estis? Wie viele seid ihr? Das hatte der Exorzist zu fragen, nach den lateinischen Regeln des Rituale Romanum der katholischen Kirche, die für Frau Michel zuständig war. Erst nach hartnäckigem, stundenlangem Befragen gaben die Besatzer ihre Namen preis: Luzifer, Judas, Nero, Kain, Hitler und ein abtrünniger Priester namens Fleischmann. Die entsprechenden Verlautungen aus dem Mund von Frau Michel dauerten jeweils drei bis vier Sekunden und gehorchten dem für religiöse Trancezustände charakteristischen Muster, das der Anthropologin geläufig war.

Goodmans Befund: Die junge Frau starb an einer Medikamentenvergiftung, ausgelöst durch das ärztlich verschriebene und stark wirksame Mittel Tegretal, welches die Patientin auch während der Zeit des exorzistischen Rituals schluckte.

Der Umgang mit qualvoll Besessenen ist laut Goodman transkulturell bekannt, aufgrund menschheitsalter Erfahrungen mit Geistern und Göttern, Entraffungen und Jenseitsreisen. Das Gericht in Aschaffenburg, zuständig für Klingenberg, war anderer Auffassung und verurteilte die Eltern der Verstorbenen, den kirchlich beauftragten Exorzisten und einen weiteren Geistlichen zu Haftstrafen von je sechs Monaten wegen fahrlässiger Tötung, ausgesetzt auf drei Jahre zur Bewährung. Die Verurteilten verzichteten auf Berufung. Für die Papstkirche, welche bis zur Stunde Exorzismen autorisiert, war das nur ein ärgerlicher Zwischenfall.

Einige Jahre später wurde Felicitas Goodman an Klingenberg erinnert, im Zusammenhang ihrer Langzeitstudie in einem Maya-Dorf nördlich vom berühmten Chichén Itzá auf der mexikanischen Halbinsel Yucatán. Gegenstand ihrer teilnehmenden Beobachtungen war eine kleine Gemeinde katholisch getaufter Indios, die ins missionarische Kraftfeld der aus den USA importierten evangelischen Pfingstbewegung geraten waren und damit auch in die Zungenfertigkeit unartikulierten Jubels in Trance, für den sich Goodman interessierte.

Sie horchte auf, als ihr von dem beispiellosen Körpergestank einer Zwölfjährigen aus dem Nachbardorf erzählt wurde, die zwei Jahre lang ihrer Familie schwere Sorgen machte, gepeinigt von etlichen Teufeln, ähnlich wie in Klingenberg. Nach einem halben Jahr ausdauernder Behandlung durch Beten und Vorlesen aus der Bibel suchten sich die Teufel einen anderen Wirkungskreis. Goodman besuchte die Genesene und gewann den Eindruck, dass sie keinerlei Erinnerung an die Details ihrer Zustände hatte. Auch der Gestank blieb verschwunden. Ein kleines Wunder. Die Frage, was ausgetriebene Teufel mit ihrer Freizeit anfangen, bedarf noch der Klärung. Vielleicht operieren sie in der Wall Street, auch während der Nacht.

Exoten

Die Damen und Herren aus dem Fachbereich Kulturanthropologie sind überall dort zu finden, wo öffentliche Verkehrsmittel selten oder nie hingelangen – in abgelegenen Orten des ländlichen Griechenland beispielsweise. Dort kennt man eine Vielzahl von Eindringlingen, die von »draußen« *(exo)* kommen, die *exotica:* Die *drakoi* entführen junge Frauen, die *fantasmata* sind aus Luft und nehmen die Gestalt von Ziegen oder Eseln an, die *neraides* tanzen an abgelegenen Orten und treiben die jungen Männer in den Wahnsinn, die *gelloudes* fressen Babys, die *vrykolakas* gelten als Wiedergänger und benötigen Blut aus der Halsschlagader, so ähnlich wie die *strigla,* eine alte Frau in Gestalt einer Eule. Kobolde mit Schwanz und Hörnern werden *kallikantzaroi,* Riesenweiber mit nur einer Brust *monovyza,* schöne Mädchen mit Ziegenhörnern *lamies* genannt. Und seit Menschengedenken erschreckt der allgegenwärtige *pan,* halb Bock und halb Mensch, die Hirten zur Mittagszeit.

Sie alle entziehen sich den landläufigen Wahrnehmungskriterien. Ob eine Eule eine Eule ist oder womöglich eine *strigla,* lässt sich auf Anhieb kaum feststellen. Vampire entziehen sich der Einordnung in die Familien der Toten oder Lebendigen. Meerjungfrauen sind weder ganz Fisch noch ganz Fleisch. Und gefährlich sind sie allemal, die Exoten. Sie verkörpern das Unheimliche, nicht nur in abgelegenen Orten Griechenlands.

Wer afrikanisch denkt, wird die Exoten in der Regel unter jenen verstorbenen Verwandten suchen, die es nicht geschafft haben, ganz und gar tot zu sein, also endgültig zu verschwinden. Wenn sie die Macht übernehmen und nicht ausgetrieben werden, sterben die Befallenen. Das gilt jedenfalls in Sambia, der Heimat Erzbischof Milingos. Für ihn sind die untoten Eindringlinge erschreckend real. Er hat gelernt, sie in einem konsistenten Bezugssystem unterzubringen, der römisch-katholischen Glaubenslehre, und spricht daher von »Satan und seinen Leuten«. Sie seien mittlerweile bis ins Herz der Kirche Christi vorgedrungen und machen die Priester glauben, es gebe keinen Teufel und keine Dämonen.

Ähnlich sieht das Roms prominentester Exorzist, Gabriele Amorth. Er schätzt die Zahl der Konsultationen, in denen er um Hilfe gebeten wurde, auf 50 000, von denen knapp hundert teuflisch verursacht gewesen seien.

Viel ist das nicht. In Europa ist die Angst vor den Exoten so gut wie verschwunden, im Vergleich zu den bösen Jahren des Hexenwahns zwischen 1560 und 1680, der allein im deutschsprachigen Raum 25 000 Menschen das Leben kostete. Mutige Philosophen und gelegentlich auch Geistliche protestierten gegen den behördlich genehmigten Terror, mit Erfolg. Die Obrigkeiten bequemten sich, die Folter abzuschaffen und Schulen zu bauen, die Psychiatrie kümmerte sich um die Geisteskranken. Übrig blieb das unbegriffene Böse, so der Philosoph Ernst Bloch, wie ein Gestank in der Luft, und kein Exorzismus vermochte es auszutreiben, geschweige denn Gott.

Einst und jetzt

Vianney und Padre Pio, die berühmtesten katholischen Priester der Neuzeit, waren nur selten als Exorzisten tätig. Sie verbrachten ihre Arbeitszeit im Beichtstuhl, im Gegensatz zu Jesus Christus, der überhaupt kein Sitzfleisch hatte. Er war rastlos unterwegs, seit er von Johannes dem Täufer erfahren hatte, dass er zum Messias ausgewählt worden war, brachte Totgeglaubte ins Leben zurück, machte Kranke gesund, verwandelte Wasser in Wein und redete, wie nur ein Gott reden kann.

Und er konnte auch zaubern. Eines der Machtworte, die er im Repertoire hatte, ist auf Aramäisch in der Bibel stehen geblieben, im Zusammenhang mit der Heilung eines Taubgeborenen. Jesus nahm ihn beiseite, legte ihm den Finger in die Ohren, berührte seine Zunge mit Speichel, blickte zum Himmel, schluchzte auf und befahl EFATA, das heißt: Tu dich auf. Das Aufschluchzen *(stenazein)* wird auch in erhalten gebliebenen Anleitungen für berufstätige Wunderheiler im Mittelmeerraum der hellenistischen Antike erwähnt, als heftiges und mehrmaliges Ein- und Ausatmen.

Da staunten die Leute, heißt es weiter im Text, und sagten: Gut hat er es gemacht. Das griechische Wort für staunen *(thaumazein)* steckt in der Bezeichnung für den Wundertäter *(thaumaturgos),* der sich um die Fruchtbarkeit der Äcker kümmerte oder um das Erwachen erotischer Leidenschaft.

Er gehörte zur Zunft der Magier *(magoi)*, die sich darauf verstanden, mit Hilfe ihrer Praktiken und Beschwörungen bestimmte Außerirdische zu veranlassen, hilfreich tätig zu werden. Nicht der Zauberer wirkte nach damaliger Auffassung ein Wunder, sondern die Gottheit oder ein Engel, dessen Sympathie er gewonnen hatte. Bei psychosomatischen Störungen funktionierte das in der Regel recht gut und wird immer noch praktiziert, nicht nur in Afrika und Lateinamerika, auch im italienischen Süden.

Die Feindseligkeit der Priesterkasten gegen die volkstümlichen Zauberkundigen ist mindestens so alt wie das Schreiben und Lesen. Die Priester hüteten ihre heiligen Texte vor dem Zugriff Unbefugter, im alten Indien sogar bei Androhung der Todesstrafe. Den Wunderheiler aus Nazareth brachten die Tempelpriester Jerusalems ans Kreuz.

Dass Jesus von den Priestern nichts hielt, wurde mir erst klar, als ich schon längst geweiht und gesalbt war, für den Vollzug der göttlichen Mysterien am Altar während der heiligen Messe. Nach meiner Entfernung aus Amt und Würden dauerte es noch etliche Jahre, bis ich mir eingestand, dass ich im Grunde meiner Seele zum Zauberer berufen war, nicht für das Varieté, sondern für den Umgang mit den jenseitigen Mächten. Hie und da ein kleines Wunder, ist das zu viel verlangt?

Der Padre Pio war Priester und Wundertäter in einer Person. Mit ihm möchte ich mich lieber nicht vergleichen, weil seine magischen Kräfte mit ständigen Schmerzen verknüpft waren, an den Stellen der fünf Wunden des Gekreuzigten, mit denen Padre Pio ausgezeichnet worden war. Musste das sein?

Die Antwort auf diese Frage hängt davon ab, ob der Teufel als Weltregent eingestuft wird oder nicht. Wenn ja, dann bedarf es der äußersten Anstrengung und Leidensbereitschaft, um ihm das Handwerk zu legen. Das ist die ursprünglich christliche Auffassung. Wenn nein, dann genügen das Kreuzzeichen und ein paar Vaterunser, um ihn in die Flucht zu schlagen. Das ist die Praxis in allen Pfarrhäusern dieser Erde, mitsamt dem saftigen Braten nach dem Sonntagsgottesdienst. So hatte ich es gelernt.

In Wien-Favoriten, wo ich als Kaplan tätig war, stand meine priesterliche Würde nicht hoch im Kurs. Die Mehrheit meiner Gemeinde blieb zu Hause, wenn die Glocken zum Kirchgang läuteten. Vielleicht warteten die Menschen lieber auf einen Zwölfer im Toto.

Im Geruch der Heiligkeit

Der Veilchenduft im süditalienischen San Giovanni Rotondo, dem Zentrum des Wirkens von Padre Pio, ist legendär. Auch nach seinem Tod, so heißt es, könnten die Wallfahrer den Wohlgeruch spüren, während der Festtage zu Ehren der Weihnachtskrippe Ende Dezember, als Hinweis auf die Geistesgegenwart des Heiligen.

Im Rahmen der Empfindsamkeit für das Übernatürliche stellt das keine Besonderheit dar. Über die Jahrhunderte hinweg ist in den Lebensbeschreibungen begnadeter Menschen zu lesen, dass unmittelbar nach ihrem Heimgang in die Ewigkeit und auch danach die Umgebung ihres Leichnams starke Duftwolken blühender Lilien, Veilchen und Jasminsträucher verströmt habe, wie im Todesjahr der Teresa von Avila 1582. Was damals in Spanien passiert ist, lässt sich nach der Aktenlage schwerlich ins Reich der frommen Märchen verweisen. Wohin dann aber sonst?

Hier mag die Auffassung weiterhelfen, die Natur sei bis in die fernsten Galaxien von einem geistigen Prinzip durchwaltet, dem sich jegliche Evolution verdanke, weil es mit Speicherkapazitäten jenseits von Raum und Zeit versehen sei, die im Nu alles Geschehen festhalten und reproduzieren können, ob es sich nun um Baupläne für die Bildung von Kristallen handelt oder um die Staatenbildung von Ameisen.

Der in Cambridge ausgebildete Biologe Rupert Sheldrake hat diese Gedanken seit 1981 in einer Reihe von Büchern veröffentlicht, eher zum Ärger seiner Kollegen im Biogewerbe, die vorzugsweise auf Gentechnologie und die damit verbundenen Forschungsgelder in Milliardenhöhe setzen. Sheldrake kümmerte sich lieber um die Frage, warum Hunde wissen, wenn ihr Besitzer heimkehrt, obwohl er noch außer Hörweite ist.

Ins esoterische Labyrinth lässt sich Sheldrake gleichwohl ungern locken, obwohl er sich für Phänomene wie Telepathie, Hellsehen, Psychokinese, Spuk oder Poltergeister interessiert, die bislang unerklärt blieben. Auch Wunder sind in dieser Sichtweise keine religiösen Extravaganzen, sondern Vorkommnisse außerhalb des Rahmens konventioneller Naturwissenschaft. Mit ihnen sei bei einer Wahrscheinlichkeit von 1 zu 1000 bis 1 zu einer Milliarde zu rechnen.

Das genügt. Die Seltenheit des Geruchs der Heiligkeit spricht nicht gegen das Freundliche dieser stummen Botschaft. Wenn sie verduftet ist, bleibt eine schöne Erinnerung. Sie wird gespeichert, und wenn wieder einmal alle Variablen stimmen, lässt sich die Heiligkeit riechen, ganz von allein.

Ripacandida

Früher wussten die Priester noch mehr vom Fliegen, befindet der deutsche Ethnologe Thomas Hauschild in seiner Studie über magische Hilfeleistungen in Ripacandida, einem Städtchen mit 2000 Einwohnern in der italienischen Basilikata, wo er 20 Jahre lang immer wieder mit dem Kassettenrekorder herumlief und dabei lernte, die Hartnäckigkeit des Religiösen zur Kenntnis zu nehmen.

Hexen, Priester, Schwarzmagier, sie alle haben Anteil an der Gabe des Fluges, referiert Hauschild die Weltsicht älterer Leute in Ripacandida und erzählt mit Gusto die Geschichte eines Barbesitzers aus Ripacandida. Dessen Großvater habe beim Trüffelsuchen einen Geistlichen beobachtet, den er persönlich kannte, und gesehen, wie der Mönch mit den Händen aus dem Vulkansee der Gegend Wasser schöpfte und in die Höhe warf, bis sich eine kleine Wolke bildete. Auf die habe sich der heilige Mann geschwungen und sei davongeflogen. Daraufhin sei drei Gehstunden weiter ein Gewittersturm über den Gästen eines Hochzeitsessens im Freien niedergegangen.

Genau so und nicht anders habe sich die Begebenheit zugetragen, habe sein Informant hinzugefügt, bemerkt Hauschild. Er weiß, dass katholische Priester durch ihre Wandlungsgewalt während der Feier heiliger Messen Macht über die Menschen haben. Das wäre eventuell der Realitätsgehalt der Geschichten von fliegenden

Priestern, Hexen, Schwarzmagiern und Nachtfahrenden. An sie wird im Mezzogiorno immer noch geglaubt, auch in Apulien, wo der Padre Pio seine Wunder wirkte. Den Jahrgängen ab 1950, schreibt Hauschild, sind diese Formen von Erzählgut fremder geworden. Ihnen ist die Magie des Fernsehens vertrauter.

In Ripacandida werden die Toten in gewöhnliche *(defunti)* und besondere *(morti)* eingeteilt. Letztere können Krankheiten und anderes Ungemach bringen wie in Afrika. Solang ein Toter frisch ist, sagt eine Heilerin in Ripacandida, bringst du ihn leichter weg. Unter den besonderen Toten gilt Jesus Christus als der prominenteste. Für ihn sind die Priester zuständig. Sie haben, gemeinsam mit den Ärzten und der Polizei, die Gesetze auf ihrer Seite, während Heilerinnen und Magier heimlich ordinieren. Schön langsam hat der Professor aus Deutschland ihr Vertrauen gewonnen. Er hat für sie Formulare ausgefüllt, damit sie zu ihrer Rente kommen, ist mit ihnen Heilkräuter sammeln gegangen und in der Küche gestanden, während die Würste gestopft wurden. Mitten in der Nacht, auf dem Heimweg von einer Hochzeitsgesellschaft, wurde er von einem alten Mann angesprochen, den er von einem früheren Besuch her kannte, und zum Essen eingeladen. Hauschild war müde und ging lieber nach Hause. Am nächsten Morgen fand er das Haus der nächtlichen Erscheinung mit Brettern verschlagen, die Familie war längst verstorben. Auf diese Weise gehört man hier dazu, notiert der Professor. Sein Buch über Ripacandida ist in »Merlin's Bibliothek der geheimen Wissenschaften und magischen

Künste« erschienen. Der akademischen Laufbahn des Verfassers hat das nicht sonderlich geschadet.

Ein Vorgänger Hauschilds, der italienische Ethnologe und Philosoph Ernesto de Martino (gest. 1965), sah sich ebenfalls in der Basilikata um und ließ sich von einem dortigen Geistlichen die Geschichte eines Mitbruders erzählen, der am Morgen gern ein paar Turnübungen machte. Das habe eine Bäuerin durch das Fenster des Pfarrhauses beobachtet, während eben ein mächtiges Gewitter niederging. Für die Dorfbewohner sei das der Beweis gewesen, dass ihr Pfarrer den Hagelschlag verursacht habe. Von einer betagten Informantin kam eine weitere Bestätigung des Glaubens an die Macht der Priester, Unwetter zu verursachen. Ein Schwarzrock, der seiner verwitweten Nichte ohne Erfolg nachstellte, sei ans Ufer eines Flüsschens gegangen und habe so lange mit dem Kochlöffel aufs Wasser geschlagen, bis eine Wolke der Verwüstung über den Feldern der Witwe niedergegangen sei. Dass Priester Unglück bringen können, wenn sie verärgert werden, passt gut ins magische Thema des Schadenzaubers, meint de Martino. Er hat den italienischen Süden energisch gegen die Arroganz des europäischen Nordens verteidigt, ähnlich wie Hauschild. Katholische Magie als Alternative zum kapitalistischen Kältestrom? In Ripacandida leben die Heilerinnen und Magier unter miserablen Lebensbedingungen. Die Bevölkerung – Frührentner, Remigranten, Bauern, Winzer, Arbeitslose, Lehrer, Beamte – kennt seit jeher nichts anderes. Die Flucht aus dem Elend führte nach Mailand oder New York, zum Onkel mit Verbindung zur Mafia. Und gelegentlich kann es in Ripacandida passieren, dass ein Kommunist bei der Heilerin anklopft, weil ihm die Ärzte in Mailand nicht gegen seine Gürtelrose helfen konnten, und gesund wird.

Auch so kann die Sinngebung des Sinnlosen funktionieren, in der gewohnten Bedrängnis des Lebens. Ohne halbwegs verbindliche Sinngebungen keine Kultur. In Indien funktioniert die Sinngebung der Wiedergeburten, in Nordkorea der Kommunismus, im Iran der Islam, im Louvre die Kunst. Sinngebungen im magischen Verständnis sind nicht mit Textmassen theologischer, philosophischer, ideologischer, wissenschaftlicher Art zu verwechseln. Magische Sinngebungen benötigen geregelte Handlungsabläufe, die im Kindesalter gelernt werden, beim Grüßen und Küssen oder beim Klatschen nach einer gelungenen Darbietung. Schreiben und Lesen kommen später dazu.

Das Erzählgut der alten Leute in Ripacandida von fliegenden Hexen oder Priestern spannt Räume magischer Sinngebung auf, bei intaktem Hausverstand, der über den Boden der Tatsachen durchaus Bescheid weiß. Sobald das Erzählgut langweilig oder unverständlich wird, kommen andere Sinngebungen an die Reihe, zum Beispiel Joggen oder Internetsurfen.

Wunderbare Geldvermehrung

Die Hauptsache *(capitale)*, um die sich in den Florentiner Finanzkreisen vor 700 Jahren alles drehte, hatte mit dem lieben Geld zu tun, dessen wertschöpfende Kraft damals erkannt wurde. Das sprach sich herum, und die Verwandlung von Geld in produktives Kapital wirkte über die Jahrhunderte hinweg wie ein Potenzmittel für das Wirtschaftsleben. Deshalb verglich Karl Marx das Kapital mit einem schwarzafrikanischen Fetisch, als er die politische Ökonomie seiner Zeit studierte und kritisierte.

In den ersten zehn Jahren des dritten Millenniums nach Christi Geburt schien das gar nicht so abwegig. Die Verdoppelung des globalen Geldvermögens zwischen 2000 und 2006 ließ eher an ein Wunder denken als an die aufgeklärte Vernunft. Nach dem Absturz in die Geldvernichtung standen die Experten wie Schamanen herum, die beim Schwindeln ertappt worden waren.

In vorkapitalistischen Zeiten wären diese unglaublichen Vorgänge als hoch bedeutsam, weil übernatürlich verfügt eingestuft worden, als Segen oder Strafgericht. Aber ein Börsenkrach bedarf keiner religiösen Aura, wie Marx durchaus wusste. Ihn störte die Kälte eines Systems, das ohne höhere Sinngebung funktionierte. An dessen Stelle sollte die kommunistische Weltordnung treten, ohne Gott. Die Popen kamen nach Sibirien, Väterchen Stalin ersetzte die Ikonen.

Ohne Resultat. Zurück blieb das Kapital, unberechenbar wie das Schicksal. In der unheiligen Dreifaltigkeit Kapital–Technik–Wissenschaft bot sich kein Plätzchen für so etwas wie Geborgenheit.

Kein Wunder, dass die Leute zum Padre Pio wallfahren, die Bibel wortwörtlich nehmen, allen möglichen Gurus nachlaufen. Hie und da gibt es ein Wirtschaftswunder oder einen Haupttreffer, damit das Publikum nicht unruhig wird. Herr, bleibe bei uns, denn es will Abend werden.

Wider alles Erwarten zieht sich der Untergang des Abendlandes, den Oswald Spengler nach dem Ersten Weltkrieg verlautbarte, in die Länge. Auch von einem Ende der Geschichte, das ebenfalls ausgerufen wurde, ist nicht viel zu bemerken. Der Klub der toten Denker schwankt zwischen utopischen und apokalyptischen Szenarien. Hegel bleibt zuversichtlich, Nietzsche winkt ab. Das ökonomische Weltsystem profitiert weiterhin vom kapitalistischen Mehrwert, auch wenn er besteuert wird. Die alten Religionen haben sich dabei als nützlich erwiesen. Das Christentum versorgt das System mit nächstenliebenden und sozialkritischen Impulsen, der Buddhismus speist die Friedfertigkeit ein, der Islam hält die Transzendenz in Erinnerung. Das System läuft, wie es läuft. Ohne Menschen würde es noch viel reibungsloser funktionieren, wie bei den Ameisen.

Flinke Finger und ein Mangobaumkern

In Kandy auf Sri Lanka kann es passieren, dass eine Reisegruppe von einem alten Herrn mit einem langen weißen Bart angesprochen wird. Der Mensch ist lediglich mit einem Lendenschurz bekleidet und möchte den Fremden eine Überraschung bereiten. Er zeigt ihnen den Kern einer Mangofrucht, hockt sich nieder und gräbt mit den Händen eine kleine Vertiefung in den Boden, legt den Kern in die Vertiefung, bedeckt ihn mit Erde und legt ein Tüchlein darüber. Nach einer Pause stillen Gebets wird das Tüchlein entfernt, und eine kleine grüne Pflanze wird sichtbar. Sie wird wieder zugedeckt, und bald ist aus ihr ein Gewächs und schließlich ein Bäumchen geworden, nach mehrmaligem Aufdecken.

Okay? Der englische Journalist und Reiseschriftsteller Paul Brunton (gest. 1981) blieb misstrauisch, als ihm in Indien das Mangobaumwunder gezeigt wurde. Nach der Vorstellung zeigte der Fakir dem Fremden für ein entsprechendes Trinkgeld, wie das Wunder gemacht wurde. Die Mangopflanzen, eine größer als die nächste, sind im Lendentuch versteckt. Wie sie ins Erdreich gelangen, ist eine Frage der Fingerfertigkeit.

Seltener als das Mangobaumwunder ist die Zerstückelung und Wiederherstellung einer Person zu bestaunen, die gelegentlich auch im mittelalterlichen Europa bewerkstelligt wurde. Am besten gelingt sie am Boden einer tiefen Schlucht, während dörflicher Festlichkeiten und gegen Abend, sobald das Feuer für die getrockneten Kräuter angezündet ist. Dämmerung, Rauch, starke Düfte. Der Zelebrant reicht ein langes Seil herum, an dessen Ende eine große Holzkugel befestigt ist. Sie wird in die Höhe geworfen und gerät außer Sichtweite, kerzengerade schwankt das Seil in der Luft. Ein kleiner Junge klettert am Seil empor, bis er verschwindet. Auf den Zuruf des Fakirs, wieder herunterzukommen, antwortet er nicht, und so folgt ihm der Meister mit einem Messer zwischen den Zähnen. Leichenteile fallen zu Boden, der Fakir ist heruntergeklettert, sammelt sie ein und fügt sie zusammen, bis der Bub wieder lebendig ist. Der war ungesehen den Abhang heruntergelaufen, betreut von den Gehilfen des Fakirs, die ein dünnes Drahtseil über die Schlucht gespannt hatten, zum Zweck des Festhaltens der Holzkugel, die schließlich ebenfalls zu Boden fällt. Ende der Vorstellung.

Deren Pointe hat der religionskundige Mircea Eliade (gest. 1986) ins menschheitsalte schamanische Erbe verwiesen, das die Lehrlinge des Gewerbes einem jahrelangen Training unterzog, mit dem rituellen Ichverlust während der Einweihung als Meisterprüfung. Wenn sie glückt, ist ein neugeborener Mensch entstanden. Ebendies lag auch dem Herrn Jesus am Herzen, wie das Johannesevangelium berichtet: Wer nicht wiederum geboren wird, kann nicht in das Reich Gottes eingehen. Die naheliegende Frage, wie das passieren solle, wird eher knapp beschieden: In der Ekstase *(ek tou pneumatos)*.

So erinnert das Gaukelspiel der Fakire an Wunschlandschaften, die über dem Erdboden einen Höhenbereich kennen, in den manche gelangen und verwandelt zurückkehren können. Wenn kein Seil zur Verfügung steht, wird wenigstens über dem Boden geschwebt, was die Fakire ebenfalls beherrschen, mit der Hilfe eines Kunststücks, das der Illusionist David Copperfield (geb. 1956) gelegentlich in sein Programm nahm. Der Fakir hockt neben einem kleinen Podest, in dem ein Bambusstab steckt. Der Meister wird aufgehoben, bis sein Ellenbogen auf der Spitze des Bambusstabs ruht, und schwebt dann frei in der Luft. Das ist deshalb möglich, weil der Mann unter seinem Kaftan auf einer stabilen Eisenkonstruktion sitzt, mit einer Gelenkstange unter dem Ärmel zum Kontakt mit dem Bambusrohr, das aus bemaltem Stahl angefertigt ist.

In Indien, schrieb Eliade, findet sich die Vorstellung, dass Heilige, Jogis und Fakire fliegen können, überall. Sich in die Lüfte erheben, wie ein Vogel fliegen, enorme Entfernungen blitzschnell zurücklegen, unsichtbar werden – derlei Kompetenzen werden von Hindus und Buddhisten den Virtuosen im Umgang mit dem Unsichtbaren ganz selbstverständlich zugeschrieben. Ob dabei gelegentlich ein wenig geschwindelt wird, ist kein Problem. Bei uns, meint der indische Psychoanalytiker Sudhir Kakar, werden Tagträume und Phantasien auch im Erwachsenenalter gefördert.

Indien hat eine Milliarde Einwohner, Tendenz steigend. Europa: Tendenz fallend.

Damenwahl

Im Juli 1935 erhielt die bayrische Visionärin Therese Neumann (gest. 1962) Besuch aus Indien. Der ordinierte Mönch und Jogameister Paramahansa Yogananda (gest. 1952) hatte eine Europareise benutzt, um eine Frau kennenzulernen, die in Dauerverbindung mit Jesus Christus stand. Der Swami durfte Zeuge einer Entraffung sein, die den Sturz des kreuztragenden Jesus zum Gegenstand hatte, während aus den unteren Augenlidern des Mediums ein stetiger Blutstrom quoll.

Im Gespräch mit Frau Neumann erkundigte sich der Inder, ob sie tatsächlich von der Luft lebe. Nur von der täglichen heiligen Hostie, seit Jahren. Damit hatte der Besucher kein Problem. Auch die Nagelwunden an den Händen Neumanns brachten den spirituellen Meister nicht aus der Fassung. Der Abschied war herzlich.

Wie aus der Lebensbeschreibung des Padre Pio ersichtlich, ist das Privileg der Kennzeichnung mit den Wundmalen Christi mit Schmerzen verbunden. Seit Franz von Assisi sind etwa 400 Stigmatisierte gezählt worden, in der überwiegenden Mehrzahl (90 Prozent) Frauen. Sie drückten körperlich aus, worüber die Männer Reden hielten und Bücher schrieben.

So auch im Biedermeier unter dem Fürsten Metternich, der auf strenge Zensur aufmüpfiger Gedanken Wert legte. Abklärung statt Aufklärung. Da traf es sich gut, dass der zum Katholizismus konvertierte Journalist,

Schriftsteller und Dichter Clemens Brentano (gest. 1842) auf die stigmatisierte Klosterfrau Katharina Emmerick (gest. 1824) in Dülmen (Westfalen) aufmerksam wurde, die in den letzten zwölf Jahren ihres Lebens jeden Freitag die Passion Christi in Trance miterlebte. Brentano schrieb über ihre Erfahrnisse einen Dauerseller, der spät, aber doch den Action-Schauspieler Mel Gibson zu seinem Film »Die Passion Christi« (2004) inspirierte, mit der entsprechenden Freude am grausamen Detail.

In einem Punkt unterscheiden sich Emmerick und Neumann voneinander. Nur die Neumann sprach halbwegs genau jene aramäischen Redeteile nach, die sie während ihrer Entraffungen gehört und sich gemerkt hatte, sozusagen als Augenzeugin. Etliche der Wortwahlen sind aus den (griechisch verfassten) Evangelien nicht rekonstruierbar. In ihren Sichtungen erwies sich die Neumann als genaue Beobachterin, mit weit geöffneten Augen. Den Hinrichtungsbalken Christi beschrieb sie, abweichend von den ihr bekannten Kreuzigungsdarstellungen, als entrindeten und ansonsten unbehauenen Baumstamm von etwa zweieinhalb Metern Länge, an dem zwei Querhölzer für die Arme befestigt waren, eher schräg aufwärts als waagrecht.

Nach einer groben Schätzung hat Frau Neumann den Todeskampf Christi siebenhundertmal miterlebt. Weitaus seltener durfte sie die positiven Seiten des Heilsgeschehens betrachten, am Christi-Himmelfahrts-Tag des Jahres 1929 beispielsweise. Der Heiland stand vor Sonnenaufgang auf dem Ölberg, erzählte die Neumann, ihm gegenüber seine Mutter und weitere Frauen. Links davon dreißig Männer, darunter elf Apostel. Jesus habe die Arme waagrecht seitlich ausgestreckt, Handflächen nach unten. Schneeweißes Gewand, hell leuchtende Wundmale. Langsames Abheben mit dem Rücken zur eben aufgehenden Sonne. Immer kleiner sei der Heiland geworden, bis er in einer Wolke verschwunden sei. Die Abschiedsworte des scheidenden Erlösers, laut Neumann: *ezal lewat abba.* Sie fehlen in den biblischen Himmelfahrtsberichten. *Abba* (etwa = Väterchen) ist als aramäische Anrede Jesu an seinen himmlischen Vater bekannt. In der Version Neumanns klingen die allerletzten Worte Christi auf Erden eher beiläufig: Jetzt gehe ich zum Väterchen.

Der Vatikan hat gegen die Wiederbelebung solcher Begebenheiten, noch dazu 2000 Jahre später, prinzipiell nichts einzuwenden. Bei Gott ist kein Ding unmöglich. Vorsichtig blieben die Glaubensbehörden lediglich bei der Abwicklung der Seligsprechungsverfahren für Anna Katharina Emmerick und Therese Neumann. Emmerick wurde 2004 kanonisiert, Neumann muss noch warten. Das Wallfahren zu ihrem Grab in Konnersreuth bleibt nicht nur in Bayern beliebt, wegen der Krankenheilungen nach Anrufung der Visionärin. Auf einer der ihr gewidmeten Votivtafeln ist zu lesen: Danke Resl.

Glaubst du das?

Dem Heiland der Christenheit wird ein Gespräch zugeschrieben, das als ultimativer Test für den Glauben an Wunder gelesen werden kann. Dabei handelt es sich um eine Unterredung zwischen Jesus und Martha, einer der beiden Schwestern jenes Lazarus, in dessen Haus Jesus ein gern gesehener Gast war.

Martha: Wenn du hier gewesen wärest, wäre mein Bruder nicht gestorben.

Jesus: Dein Bruder wird auferstehen!

Martha: Ich weiß, dass er am Jüngsten Tag auferstehen wird.

Jesus: Jeder, der lebt und an mich glaubt, wird in Ewigkeit nicht sterben. Glaubst du das?

Mittlerweile hat ein Drittel der Weltbevölkerung gelernt, die Frage persönlich aufzufassen, wenn das entsprechende Sonntagsevangelium vorgelesen wird. Dann erwartet der Heiland ein Jawort auf die Frage nach dem ewigen Leben, dem Wunder aller Wunder. Wer selten oder nie in die Kirche geht, wird sich in der Regel weniger entschieden verhalten, wie auch der Verfasser dieser Zeilen.

Eine gewisse Nachlässigkeit im Umgang mit Glaubensfragen lässt sich auch in vorindustriellen Zeiten beobachten. Der südfranzösische Schafhirte und Laienprediger Guilleaume Bélibaste, verbrannt auf dem Scheiterhaufen im Jahr 1321, wird in den Inquisitionsakten wie folgt zitiert: Es gibt vier große Teufel auf der Welt – den Papst, den König von Frankreich, den Bischof von Pamiers und den Inquisitor von Carcassone.

Der Mann aus den Pyrenäen war kein Einzelfall. Sein Dorf war wegen Häresieverdachts ins Radar eines kirchlichen Tribunals gekommen, das in mehreren hundert Sitzungen von 1318 bis 1325 tagte, um jedes Detail aus dem Leben der 98 Beschuldigten festzuhalten, darunter ihre religiösen Einstellungen. Die Leute sagen, so ein Zeuge, dass die Welt immer schon da gewesen sei und immer da sein werde. Es gab Witze über die Auferstehung des Fleisches und Zweifel an der Himmelfahrt Christi, wenn die Hirten in den Bergen am Abend zusammensaßen und über Gott und die Welt plauderten. Und selbstverständlich wurden nach dem Ableben des Inquisitors von Carcassone, der während der Nacht entschlafen war, am Morgen zwei schwarze Katzen bemerkt, eine neben dem Kopf und die andere neben den Füßen der Leiche.

Ein deutliches Zeichen. Zu Großmutters Zeiten galten schwarze Katzen als des Teufels Getier. Sie wurden eingefangen, in einen Sack gesteckt und an Feiertagen ins Feuer geworfen. Von ihnen hatten die Kätzer (wovon Ketzer) ihren Namen, weil ihnen nachgesagt wurde, bei ihren heimlichen Zusammenkünften einem schwarzen Kater einen Kuss unter den Schwanz zu geben. Ruhe hatten Katzen und Ketzer erst nach der Archivierung des Reichsketzerrechts im Jahr 1648 nach dem Dreißigjährigen Krieg, der zwischen katholischen und evangelischen Religionsparteien entbrannt war. Die Inhalte von Glaubensüberzeugungen wechseln; auffällig bleibt lediglich ihre Zählebigkeit, solang sie in Kraft sind.

Von ebenjenem biblischen Heiland, der seinen Freund Lazarus als halb verweste Leiche aus der Grabkammer holt, ist ein eher verärgerter Ausspruch ins Johannesevangelium gekommen: Solang ihr nicht Zeichen und Wunder seht, glaubt ihr nicht. Selig, die nicht sehen und doch glauben.

Ausgerechnet im tiefsinnigsten der vier kanonischen Evangelien warnt der fleischgewordene Gott vor jenem Augenschein, den er selbst produziert, als Wundertäter der Spitzenklasse. Und die staunende Menge, die endlich ihre Sensation bekommen hat, steht nicht besonders gut da, weil sie nicht bereit ist, ihr Leben zu ändern, oder die Richtung des Lebens.

Nochmal Jesus zu Martha: Glaubst du das?

Martha: Ja, Herr, ich glaube, dass du der Messias bist, der bald kommen soll.

Beantwortet ist die Frage nach dem ewigen Leben damit nicht. Über den weiteren Lebenslauf Marthas, ihrer Schwester Maria und ihres Bruders Lazarus schweigen die Evangelien. In der Kathedrale von Autun (Frankreich) werden die Gebeine des Lazarus aufbewahrt; eine dazu passende Überlieferung erzählt von seiner Ankunft in Marseille, gemeinsam mit seinen Schwestern. Ob auch der Herr Jesus damals nach Frankreich gekommen sei, ist strittig, wie auch seine Liebesbeziehung zu Maria. Ein anderer Erzählstrang führt nach Larnaka auf Zypern, wo Lazarus als erster Bischof verehrt wird, während die palästinensischen Christen gern den Stadtteil El-Azarije in Jerusalem besuchen, wo Lazarus aus dem Grab befreit wurde. Martha hingegen habe einen Drachen mit Weihwasser gezähmt, der zwischen Arles und Avignon in der Provence den Bauern auflauerte, und ihn mit ihrem Gürtel gefesselt.

Und wer soll das alles glauben?

Wem es gefällt. Kalendergeschichten, für jeden Tag des Kirchenjahres mindestens eine, hießen *legendum* (= das zu Lesende) und wurden in den Klöstern während der Mahlzeiten vorgetragen, als Beispiele vorbildlicher Lebensführung, voll von wunderbaren Begebenheiten. Am weitesten verbreitet war die »Legenda aurea« des Erzbischofs von Genua Jacobus de Voragine (gest. 1298), der eine reich bestückte Bibliothek zur Hand hatte. Neuzeitliche Reformatoren und Freidenker verachteten die Heiligenlegenden als Volksverdummung und Pfaffentrug, ohne auf ihren poetischen Gehalt zu achten, den sie ähnlich wie Märchen und Sagen transportieren. Dass religiöser Ernst auch unterhaltsam sein kann, geriet in Vergessenheit, jedenfalls in den gebildeten Kreisen.

Im Bestsellerbereich kann davon keine Rede sein. Dort wird fröhlich gezaubert, gibt es Lichtgestalten und Finsterlinge, hausen Drachen im Gebirge, mischen sich tiergestaltige Fratzen ins Geschehen, erwachen Tote zum Leben.

Ein Glaubenstest nach der Lektüre von Fantasy-Literatur würde auf Verständnislosigkeit stoßen. Das Wunder ist nicht unbedingt des Glaubens liebstes Kind, wie Goethe meinte. Und auch das Gegenteil von Goethes Befund muss nicht immer stimmen. Harry Potter wird im Vatikan höchst ungern gelesen.

Madonna gnadenlos

Der Unterschied zwischen Padre Pio und der Popsängerin Madonna: Sie wirkt keine Wunder, obwohl sie verehrt wird wie eine Art Göttin.

Vom Padre Pio weiß in Italien jedes Kind, dass er Wunder wirken kann, auch nach seinem Tod. Das macht ihn zum Popheiligen. Pio-Statuen in allen möglichen Größen sind ein billiger Massenartikel. Sie repräsentieren ein Kraftfeld, das ins Wohnzimmer oder auf den Dorfplatz geholt werden kann. Ob es sich dabei um Kitsch oder Kunst handelt, interessiert nur die Sachverständigen.

Madonna hingegen eroberte als Künstlerin die Welt. In »Like a Prayer« spielte sie eine Stigmatisierte, wurde intim mit einer zum Leben erwachten schwarzen Heiligenfigur und tanzte in einem seidenen Unterrock vor einem Feld brennender Kreuze. Ein anderes Mal (»Mit Madonna im Bett«) trank sie mit Lockenwicklern auf dem Kopf artig ein Süppchen. Ihre anstrengende und erfolgreiche Karriere verdankt sich rastloser Disziplin im gnadenlosen Showbusiness und der Kompetenz, sooft es nur geht, ihre Rollen zu wechseln. Warum sollte sie nicht ein paar Wunder wirken können?

Zur Vollständigkeit einer Göttin gehört das Wunderwirken. Im Fall der Pallas Athena beispielsweise hat das tausend Jahre lang tadellos funktioniert, auf der Akropolis Athens, wo das Standbild der kriegerischen Jungfrau gehütet wurde, die aus dem Kopf Gottvaters entsprungen war und seitdem immer wieder überraschend ins Geschehen eingriff, gelegentlich mit Blitzen oder durch Ablenkung feindlicher Pfeile im Schlachtgetümmel.

Die Ursprünge der Athena und ihrer Schwestern, der Kornmädchen und Erdmütter im vorchristlichen Mittelmeerraum, verlieren sich im Dunkel der Frühgeschichte. Zu besichtigen sind die Ahnfrauen Madonnas vornehmlich in Museen, als ägyptische Wadjet mit einem Geierkopf, als Artemis von Ephesus mit den vielen Brüsten. Lebendig geblieben ist die Gottesmutter Maria in Lourdes, Fatima und hundert weiteren Gnadenorten, wo sich die Kranken einfinden, denen kein Arzt mehr helfen kann. Nach Lourdes wurde Madonna bislang nicht eingeladen.

Ist sie womöglich ein Falsifikat? Das nun auch wieder nicht. Sie kann schließlich zaubern, genauer gesagt verzaubern, fesseln, begeistern. Wie sie das macht, grenzt an ein Wunder.

So gesehen scheint die Vorstellung von der einen oder anderen Spontanheilung während eines Madonna-Konzerts gar nicht so abwegig. Allerdings müsste sich der Star entschließen, als Exorzistin beziehungsweise als Gesundbeterin aufzutreten.

Ärgerlich bleibt nur, dass Madonna lediglich angebetet wird, aber nicht voll der Gnade ist wie die Jungfrau Maria, Madonnas Namenspatronin. Und Madonna kann überhaupt nichts dafür. Die Wunsch-Energien, die sie bedient, sind offensichtlich zu schwach, um wenigstens einen Knochenkrebs zum Verschwinden zu bringen, wie beispielsweise im Dezember 1976, als die damals zwölfjährige Delizia Cirolli auf einmal wieder laufen konnte, nach der Rückkehr aus Lourdes. Laut Auskunft der medizinischen Kommission, die das Wunder dokumentierte, beträgt die Wunderquote der allerseligsten Jungfrau im hundertjährigen Schnitt 1 zu 40 000. Das ist zwar nicht viel, aber besser als gar nichts.

Leb wohl, Madonna. Verglichen mit Lady Gaga warst du ein Lichtblick.

Wie im Märchen

Leider war keine Videokamera dabei, als der Evangelist Lukas die Mutter Gottes porträtierte. Und es kommt noch ärger. Weder von Lukas noch von Maria und ihrem Sohn Jesus stehen Lebensläufe zur Verfügung, die heute bei jeder Stellenbewerbung die Regel sind. Albert Schweitzer wusste bereits vor hundert Jahren, nach dem Studium der bibelwissenschaftlichen Fachliteratur seit der Lessing-Zeit, dass Jesus »als ein Unbekannter und Namenloser« aufzufassen sei, trotz aller Bemühungen, aus den vier kirchlich beglaubigten Evangelien so etwas wie eine Biographie Christi herauszulesen.

Auf die Feiertage der zwei Milliarden Christenmenschen wirkt sich Schweitzers Befund nicht aus. Zu Ostern spricht nicht ein Unbekannter, sondern Gott höchstpersönlich, wenn das Evangelium von der Auferstehung Christi vorgelesen wird. Wer daran zweifelt, bleibt entweder gleich zu Hause oder ist in der Kirche nur halbherzig dabei.

Zweifel sind nicht erst seit gestern im Umlauf. Bereits vor 800 Jahren wurde an der Pariser Universität gelehrt, die christliche Theologie beruhe auf Märchen. Dieser Vorwitz findet sich in einer Liste von 219 Thesen, die der Erzbischof von Paris im Jahr 1277 als irrig zurückwies. Berühmte Professoren kamen ins Gefängnis. Die neue Richtung des Denkens freilich hatte den Weltgeist auf ihrer Seite und brachte langfristig gewisse Annehmlichkeiten in den Alltag der Werktätigen, zum Beispiel eine schmerzlose Zahnbehandlung. Simultan dazu verlor der kirchliche Glaube in den Universitäten an Geltung, wurde bisweilen weinerlich oder verbissen, blieb erfreulich allenfalls in Musik und Baukunst, mutierte im Ernstfall zu politischen Kampfprogrammen.

Nach alledem würden »die religiösen Märchen« nicht einmal mehr die Kinder interessieren, wie Sigmund Freud meinte. Er verachtete den Charme all der Erzählungen, die im Wunderbaren eine gütige Absicht und Fügung erkennen.

Nach dem letzten Weltkrieg stieg die Nachfrage nach dem Stoff, aus dem die Träume gemacht sind, so schnell, dass die Fachleute mit dem Zählen religiöser Neubildungen nicht nachkamen. Täglich wird mindestens ein neuer Gebetsverein eingerichtet, in den Megastädten Afrikas und Asiens.

Die Gottlosigkeit Freuds, der sich wie sein Lehrer Ernst Wilhelm von Brücke als Naturwissenschaftler verstand, hinterließ eine Lücke, die der berühmte Mann mit einem Konzept füllte, das er Todestrieb nannte. Das Ziel alles Lebens ist der Tod, behauptete Freud nach dem Weltkrieg I, im Widerspruch zu seiner vormaligen Betonung des Lustprinzips.

Keine Chance für die ewige Seligkeit? Das »höchste aller Luftschlösser«, so der Philosoph Ernst Bloch, hat im Gottesdienst seinen Bestand, nicht in Großmutters Stübchen, und mitnichten immer nur als Jenseitsvertröstung und Eiapopeia. Die politische Geschichte des Westens war gepfeffert mit aufmunternden Bibelzitaten, wenn es um Umsturz und Revolution ging wie zur Zeit Cromwells oder während des Unabhängigkeitskriegs der nordamerikanischen Kolonien gegen England. Auch die Demonstration der 70 000 am 9. Oktober 1989 in Leipzig wäre ohne Hinweis auf ein mögliches Paradies des beständigen Friedens auf Erden nicht geglückt. Für alle Menschen, die guten Willens sind. Ob das Weihnachtsevangelium ein frommes Märchen bleibt oder zum befreienden Handeln drängt, bleibt dem Publikum überlassen.

Im Kino wird das Publikum nie zum Handeln gedrängt. Joseph Goebbels, Reichsminister für Propaganda und Volksaufklärung von 1933 bis 1945, wusste das. Gleichwohl durfte im Deutschen Reich ohne seine Genehmigung kein Film produziert werden. Nach der Niederlage bei Stalingrad Ende Januar 1943 wünschte sich Goebbels von der Filmbranche »mehr Besinnung auf den Geist der Zeit, klare Aussagen und keine feige Flucht in die Vergangenheit«. Trotzdem durfte in Wien »Der weiße Traum« produziert werden, mit Starbesetzung und dem Schlager »Kauf dir einen bunten Luftballon«. Einspielergebnis: 35 Millionen Reichsmark. Auf Luftballon reimt sich Illusion. Kauf dir einen bunten Luftballon, nimm ihn fest in deine Hand, stell dir vor, er fliegt mit dir davon in ein fernes Märchenland. Kauf dir einen bunten Luftballon, und mit etwas Phantasie fliegst du in das Land der Illusion und bist glücklich wie noch nie.

Wie die Brücke zwischen Traumfabrik und Volksaufklärung beschaffen sein soll, blieb auch im Fernsehzeitalter umstritten. Von neurologischer Seite ist zu hören, dass unser Hirn ohne direkten Kontakt mit der äußeren Wirklichkeit funktioniert und somit ein Set von Illusionen wie Ichgefühl, Körperbild, Willensfreiheit aufbauen muss, um in der Früh aus dem Bett zu finden. Daraus folgt, dass Illusionen lebensnotwendig sind.

Filmproduzenten, Politiker, Priester, Schriftsteller, Eventmanager, Tourismusexperten, Werbetexter und selbst Universitätsprofessoren für Neurologie dürfen aufatmen. Dass ihre Selbsteinschätzung beim Erzeugen von Illusionen dann ebenfalls illusionär sein müsste, werden sie ungern zugeben.

Das Publikum bleibt gewitzt. Es geht weiterhin ins Kino, ins Konzert, auf Sportplätze, in die Kirche, protestiert oder applaudiert, langweilt sich oder ist begeistert. Es bleibt souverän unberechenbar wie Gott, der verantwortlich für die Regie ist. Wenn die Regie keine Überraschungseffekte erzeugen kann, hat sie versagt, und das Publikum langweilt sich. Dann ist es Zeit für ein Wunder, ganz wie im Märchen.

Bis in den siebenten Himmel

Gelobt sei Er, Der mit Seinem Diener mitten in der Nacht zum fernen Heiligtum aufbrach, um Erleuchtung zu gewähren!

So lässt sich der Anfang des Kapitels im Koran über die nächtliche Reise Mohammeds übersetzen, die ihn nach Jerusalem führte. Über die Details der Entraffung ihres Propheten schweigt die heilige Schrift der Muslime. Umso ausführlicher ist das Erzählgut der ältesten Lebensbeschreibung Mohammeds von Ibn Ischak (704–767), aus der alle weiteren Biographien schöpfen.

Zu erfahren ist der Name und das Ansehen des geflügelten Pferdes, auf dem Mohammed nach Jerusalem flog. Auf dem Tempelberg hätten Moses, Jesaja, Jesus und weitere Propheten gewartet, um mit Mohammed zu beten. Hernach sei der Gottesmann auf einer bereitstehenden Leiter bis in den siebenten Himmel gestiegen, vor Gottes Angesicht, und dann nach Mekka zurückgeflogen. Es mag sein, so Ischak, dass der Körper des Propheten in Mekka geblieben sei, während sein Geist im ersten Himmel einen Blick auf die Orte der Strafen für Übeltäter werfen durfte. Im zweiten Himmel sei Johannes der Täufer erschienen, in den weiteren Sphären die Patriarchen des Volkes Israel. Fünfzig tägliche Gebete habe Gott dem Propheten auferlegt, aber nach einigem Verhandeln sei Gott gnädig gewesen und bei den fünf Gebetszeiten geblieben, an die sich die Muslime bis heute halten.

Freilich gab es immer wieder Zweifler, die vom Aufstieg Mohammeds in den siebenten Himmel nichts wissen wollten. Zu ihnen gehörte ein Gewaltmensch der Sonderklasse, Abu Tahir mit Namen, der im Alter von 17 Jahren das Kommando über eine Truppe übernahm, die ihre Basis in Al-Hufuf (Saudi-Arabien) hatte und 5000 Kriegskamele fütterte. Im Frühjahr 924 gerieten drei Pilgerkarawanen auf der Rückreise von Mekka in den Hinterhalt der Berittenen Abu Tahirs, die keine Gnade kannten. Wer ihren Messern entkam, verdurstete im Wüstensand. Eine Belagerung Bagdads durch die Truppen Abu Tahirs im Januar 928 schlug fehl, doch zwei Jahre später folgte ein Überfall auf Mekka, bei dem kostbare Reliquien aus dem Zentralheiligtum abtransportiert wurden. Kurz darauf hielt Abu Tahir eine Predigt, die erhalten geblieben ist: Wir waren Esel. Alle Religionen, denen wir bisher geglaubt haben, sind null und nichtig, all das Gerede von Moses und Jesus und Mohammed. Sie sind Schwindler gewesen.

Das Spottwort von den drei Schwindlern (*de tribus impostoribus*) kam 200 Jahre später zur Kenntnis der päpstlichen Kurie, die im Streit mit Kaiser Friedrich II. lag und dem Staufer unterstellte, die Blasphemie unter die Leute gebracht zu haben. Als Buchtitel erschienen die drei Schwindler im Jahr 1768, anonym und auf Französisch in Amsterdam, als philosophische Kampfschrift gegen machthungrige Priester, die das Volk mit Märchen gefüttert hätten. Seither ist die unbefangene Lektüre frommer Wundergeschichten nach und nach aus der Mode gekommen, unter gebildeten Juden, Christen und Muslimen, was einen gewissen Wärmeverlust in Glaubensangelegenheiten zur Folge hatte.

Dabei ist die Würdigung gottseliger Prosa ganz einfach. Man erinnert sich an das im Kosmos waltende Zusammenspiel von Zufall und Notwendigkeit, denkt dabei an die Musik Mozarts und freut sich darüber, dass es in der Welt gelegentlich auch angenehme Überraschungen gibt. So eingestimmt, lassen sich das fliegende Pferd und die Himmelsleiter in der Erzählung vom Aufstieg Mohammeds als dichterische Einladung deuten, sich in Gedanken auf eine visionäre Reise mitnehmen zu lassen, bis in den siebenten Himmel.

All denen, die beim Lesen unbedingt festen Boden unter ihren Füßen behalten möchten, ist leider nicht zu helfen.

Der Anonymus des Büchleins über die drei Schwindler ist bislang nicht identifiziert. Bekannt ist jedoch, dass er Exzerpte aus ihm vorliegenden Texten zusammentrug, deren Verfasser mittlerweile feststehen. Einer von ihnen, Baruch de Spinoza (1632–1677), wurde aus der jüdischen Gemeinde Amsterdams verstoßen, weil er die Verfasserschaft des Moses an den ihm zugeschriebenen Büchern der Bibel angezweifelt hatte.

Aufzuhalten war die kritische Lektüre der jüdischen und christlichen Sakraltexte trotzdem nicht, und auch der Koran wurde zunehmend hinterfragt. Der Befund, die maßgebenden Gestalten der drei Abrahamsreligionen seien Schwindler gewesen, ist inzwischen Makulatur. Es wird immer riskanter, verlässliche Lebensbeschreibungen jener beispielhaften Persönlichkeiten herzustellen, die nichts Geschriebenes hinterließen. In diese Reihe gehören neben Moses, Jesus und Mohammed auch Lao Dse, der Buddha, Zarathustra, Sokrates. Die Niederschriften ihrer Lehren kamen vom Hörensagen und wurden durch Übersetzungen sicher nicht besser.

Lebendig werden tote Buchstaben unter Umständen dann, wenn sie frühkindliche Blickrichtungen zum Muttergesicht wachrufen, immer nach oben. Ihnen verdanken sich die weiblichen Kodierungen der Gotteszuschreibungen in der Bibel und im Koran. Verfasst wurden sie von Männern, die ins Paradies des Versorgtwerdens zurückkehren wollten. Für Muslime ist es selbstverständlich, jedes Gebet und jeden Brief mit dem ersten Satz des Korans anzufangen, der Allah als den Inbegriff der Barmherzigkeit lobt. Im Arabischen erinnert die entsprechende Wortwurzel an die Gebärmutter.

Dieser Einfall im wörtlichen Sinn des Wortes soll Mohammed während der Nacht gekommen sein, »herabgesandt« wie der gesamte Koran, selbstverständlich von oben, als Dichtung von höchstem Rang.

Wunderbar. Auch wer des Arabischen nicht mächtig ist, wird von berufener Seite darüber belehrt, dass der Koran ein einziges Wunder darstellt, das der Menschheit geschenkt wurde. Nicht der prüfende Blick zum Himmel, nach dem Sonnenstand etwa, ist damit gemeint, sondern der beglückte Augenaufschlag in den Gedanken während des Zuhörens oder Lesens, wenn der siebente Himmel aufblitzt.

So etwas lässt sich nicht käuflich erwerben. Angebracht sind Geduld und Verzicht auf Zerstreuungen.

Garantien für ultimative Erleuchtungen sind nicht vorgesehen. Laut Koran durfte selbst Mohammed die nächtliche Reise zum fernen Heiligtum nur einmal im Leben unternehmen. Was aus der Leiter geworden ist, auf welcher der Prophet in den siebenten Himmel und wiederum zurück auf die Erde gelangte, kann in Mekka erfragt werden.

Krank?

Wie bereits angedeutet, wird die Verwandlung des Mannes Mohammed in einen Propheten dem nächtlichen Erlebnis zugeschrieben, das ausdrücklich als Traumgesicht bezeichnet wird. Erschienen sei der Erzengel Gabriel mit einem Tuch aus Seide, auf dem etwas geschrieben stand, und befahl: Lies vor! Weil Mohammed weder lesen noch schreiben konnte, würgte der Engel den Schläfer bis zum Ersticken und sagte ihm dann vor, was er aufsagen sollte. Mohammed wachte auf, trat vor die Höhle, in die er sich zum Nachdenken zurückgezogen hatte, und erblickte abermals den Engel, diesmal riesengroß am Horizont, der sich von allen Seiten dem Propheten bis auf zwei Bogenlängen näherte.

Wer will über etwas streiten, was doch ganz augenscheinlich ist? So steht es im Koran, adressiert an die Zweifler unter den Stammesgenossen des Propheten in Mekka. Euer Landsmann ist nicht fehlgeleitet, er befindet sich nicht im Irrtum, hat sich nichts vorgelogen.

Mohammed war 40 Jahre alt, als seine spirituelle Begabung zum Durchbruch kam. Dass er bevorzugt war, fiel allenfalls dem geschulten Auge auf, wie in der Erzählung vom syrischen Mönch Bahira beschrieben, der seine Klause in der Nähe von Busra (an der heutigen syrisch-jordanischen Grenze) hatte, wo die Handelskarawanen von Mekka vorbeikamen. Der Einsiedler sei stutzig geworden, so die Überlieferung, als er von einer Karawane träumte, über der eine schattenspendende Wolke schwebte. Bald danach erblickte Bahira die Wolke noch einmal, diesmal am Tag, als eine Karawane aus Mekka in der Nähe eine Rast einlegte. Man kam ins Gespräch, der Mönch lernte den Onkel und Vormund des damals noch jungen Propheten kennen, der mit auf der Reise war. Zwischen dessen Schulterblättern habe der Einsiedler alsbald das Merkmal der Berufung zum Gottesboten festgestellt.

Die Details solcher Untersuchungsmethoden sind mittlerweile in Vergessenheit geraten – was nicht unbedingt gegen ihre Verlässlichkeit sprechen muss. Jedenfalls wurde Mohammed im Kreis seiner Familie keineswegs für verrückt gehalten, als er nach seiner Begegnung mit dem Erzengel nach Hause kam und seiner Gattin alles erzählte. Sie deckte ihn zu und schob ein Kissen unter seinen Kopf, wenn eine Offenbarung herauswollte. Was bald häufiger passierte, mitunter formvollendet wie allerfeinste Dichtkunst:

Wenn sich das Auge verdunkelt. Wenn ausgeräumt wird, was in den Gräbern schläft. Wenn das höllische Feuer brennt. Wenn Hilfe kommt mit dem Tageslicht. Einziger! Herr! König! Gott! Meine Zuflucht!

Die Heftigkeit der ersten Verlautungen, die dem Propheten entfuhren, ist evident. Ihre Kürze hat sie an das Ende des Koran gerückt, dessen insgesamt 144 Abschnitte (»Suren«) nach ihrer Länge geordnet sind. Im Gespräch mit theologisch informierten Muslimen ist meine Vorliebe für die Sure 101, *al-qaria,* immer auf Verständnis gestoßen: Die Zerschmetterung! Was soll das heißen? Wie kannst du wissen, was Zerschmetterung ist? An dem Tag, wenn die Menschen wie tote Motten herumliegen werden, dann ist es so weit. Gutes Leben für alle mit schweren Waagschalen! Loderndes Feuer für alle mit leichten Waagschalen!

Die Waagschalen am Jüngsten Tag hat Mohammed nicht erfunden. Dass sie ihn geängstigt haben, ähnlich wie Luther, lässt sich denken, und auch die profunde Erleichterung durch Vertrauen in einen gnädigen Gott wird plausibel, die diese exemplarischen Männer zu einer seltenen Sprachmächtigkeit geführt hat.

Im Gegensatz zu Luther dürfte Mohammed aus heutiger Sicht mit einem halluzinogen disponierten Nervensystem in die Ahnengalerie der Religionsstifter gelangt sein, ähnlich wie Jesus oder Franz von Assisi – was bei strengen Atheisten den Verdacht auf Geisteskrankheit auslöst. Wenn jemand aus dem Nichts alle zehn Sekunden gehässige Vorwürfe hören muss, auch wenn niemand im Zimmer ist, wird ärztliche Hilfe benötigt. Dann wird der Patient gebeten, immer dann einen Knopf zu drücken, wenn sich die gebieterische Stimme meldet, und der Tomograph zeichnet die entsprechenden Hirnregionen auf, aus denen die Belästigung kommt.

Anders der Fall der Jungfrau von Orléans, die eben falls Stimmen hörte. Bei Durchsicht der Akten des Prozesses gegen sie entsteht nicht das Bild einer Hysterikerin vor dem Tribunal, sondern das einer seelisch robusten Person, die Fangfragen schlagfertig beantwortet und trotz widerwärtiger Haftbedingungen die Übersicht in einem aussichtslosen Verfahren behält. Die Stimmen der heiligen Katharina und der heiligen Margareta, auf die sich Johanna stets verlassen konnte und die ihre Gefangennahme im Voraus gewusst hatten, wichen während des Prozessverlaufs präzisen Fragen nach der Zukunft aus. Die Bitte Johannas, bei ihrer Gefangennahme umzukommen, war abschlägig beschieden worden – was für den Realitätsbezug der Stimmen spricht.

Neurowissenschaftliche Details über die Hirntätigkeit Johannas stehen zwar nicht zur Verfügung, aber die Unterstellung, dass eine Psychotikerin im Hundertjährigen Krieg zwischen England und Frankreich die entscheidende Wende zugunsten Frankreichs herbeigeführt habe, ist schlichtweg absurd.

Das gilt auch für Mohammed, der die notorisch zerstrittenen Stämme der arabischen Halbinsel in zehn Jahren zur künftigen Weltmacht verstaatlichte. Seine Sprüche, ob halluziniert oder nicht, werden von einer Milliarde Menschen nachgebetet.

An dieser Stelle ist ein herzlicher Gruß an den indischen Psychoanalytiker Sudhir Kakar angebracht, mit dem ich 2006 in München ein Gespräch führen durfte, in dem seine Bemerkung fiel, alle Menschen seien paranoid geboren. Das war im Zusammenhang seiner Forschungen unter radikalen Moslems und Hindus gesagt, deren Zorn nicht religiös verwurzelt sei, sondern von unterschiedlichen Essgewohnheiten und Sexualtabus herrühre. Von herkömmlichen Etikettierungen (krank–gesund zum Beispiel) lässt sich Kakar nicht sonderlich beeindrucken.

Deshalb hat er mit einer französischen Historikerin eine Studie über zwei Persönlichkeiten verfasst, die in ihren jeweiligen Heimatländern als Heilige verehrt beziehungsweise in eine Nervenklinik eingewiesen wurden – Ramakrischna in Indien und eine anonyme Visionärin in Frankreich. Letztere, dies die Pointe, hätte in Indien als Heilige Karriere gemacht, während Ramakrischna in Frankreich als Irrer interniert worden wäre.

In den Priesteradel geboren, versah Ramakrischna (1836–1886) seinen Dienst in einem neu errichteten Tempelkomplex zu Ehren der Göttin Kali am Ufer des Ganges, unweit von Kalkutta. Zu den Obliegenheiten des jungen Geistlichen gehörte es, die Statue der Muttergottheit frühmorgens zu wecken, zu waschen und frisch zu kleiden, mit Blumengirlanden zu schmücken und ihr die tägliche Mahlzeit anzubieten. Während einer depressiven Krise im Alter von 23 Jahren (körperliche Unrast, Schlaflosigkeit) begann Ramakrischna an der Realität Kalis zu zweifeln. Mein Blick fiel auf das Schwert im Tempel, erzählte Ramakrischna später, ich beschloss, meinem Leben damit ein Ende zu setzen, und packte es. In diesem Moment erschien mir die Gottheit in einer wunderbaren Vision, und ich stürzte ohnmächtig zu Boden. Die Tempelbesitzer allerdings befürchteten eine Geisteskrankheit ihres Priesters. Er wurde zu seiner Mutter in Pflege gegeben, mit einem fünfjährigen Mädchen der Form nach verheiratet und kehrte ein Jahr später in den Tempeldienst zurück.

In seiner Analyse der Persönlichkeit Ramakrischnas vermeidet Kollege Kakar den Fehler vorschneller Etikettierungen aus nervenärztlicher Sicht. Die indischen Meditationspraktiken sind tausend Jahre älter als das christliche Abendland. Ramakrischna durchlief während seiner Ausbildung zum Top-Guru ein reichhaltiges und raffiniertes Repertoire von Programmen, denen die Entlastung der Person von der Fixierung auf das Ego gemeinsam ist. Dabei konnte es passieren, dass Ramakrischnas Körper steif wie ein Brett wurde oder so erhitzt, dass jede Berührung zum Problem wurde. Im Alter von 30 Jahren erwachte Ramakrischna aus einer Tieftrance, die ein halbes Jahr gedauert hatte.

Eine Genesung? Ohne aufmerksame Betreuung und die schwere Ruhrerkrankung, deren Schmerzen ihn schlussendlich ins Alltagsbewusstsein zurückholten, wäre Ramakrischna auf Dauer unansprechbar geblieben, wie er später einräumte. Seine Lehrzeit war jedenfalls beendet. Eine hochgradige Theologenkommission examinierte ihn, mit positivem Ergebnis. Das sprach sich herum, Sinnsuchende kamen und blieben, entzückt vom Charme des schmächtigen Mannes, der keiner Frau in die Augen schauen konnte. Gelegentliche Entraffungen des Meisters, auch während der Lehrvorträge und mehrmals am Tag, waren die Regel und wurden schweigend abgewartet.

Gestorben ist Ramakrischna an Kehlkopfkrebs. Die nach ihm benannten Religionsgemeinschaften stehen für Andersgläubige aller Schattierungen offen.

Solche Weitherzigkeit ist dem Padre Pio fremd. Nicht einmal im Schlaf denkt er daran, Jesus und Mohammed gemeinsam in Ehren zu halten, und dazu womöglich auch noch ein paar indische Halbgötter. Die Mystik des Padre Pio bleibt römisch-katholisch. Trotzdem musste er zu Lebzeiten unter klerikalen Feindseligkeiten leiden. Der Neid unter Priestern gilt nicht nur in Italien als bekanntes Laster. Der einflussreiche Franziskanerpater Agostino Gemelli (gest. 1959), ein studierter Psychologe, verwies den stigmatisierten Mitbruder unter die Psychopathen; ein anderer Amtskollege schwärzte Padre Pio im Vatikan als Epileptiker an. Der Erzbischof von Manfredonia, zuständig für das Wirken Padre Pios, denunzierte ihn als vom Teufel besessen während der ersten Jahre des Andrangs der Wallfahrermassen nach San Giovanni Rotondo in Apulien, wohin der eher kränkliche Wunderpriester versetzt worden war, wegen der dortigen guten Luft. Der Erzbischof hatte sich lediglich in der Person geirrt. Zur selben Zeit, im Jahr 1922, setzten sich die Faschisten Mussolinis in Bewegung, um in Rom die Macht zu ergreifen.

In der Regel neigen Priester nicht zu abweichendem Verhalten. Padre Pio und Ramakrischna sind Ausnahmeerscheinungen in einem Gewerbe, das so alt ist wie Viehzucht und Ackerbau. Ich weiß, wovon ich rede. Wir sorgen für beständige und verlässliche Umgangsformen mit unberechenbaren Vorgängen im Lauf der Zeit. Unsere Bewegungen sollen gemessen, unsere Gesänge getragen, unsere Verrichtungen umständlich sein. Unangenehmen Fragen weichen wir aus, Spötter und Zweifler werden bestraft. Seit Maschinen und Apparate den Alltag der Menschen bestimmen, verlieren unsere Beschwörungen an Kraft. Maschinen können fliegen, wir nicht.

Leider habe ich vergessen, Sudhir Kakar zu fragen, was mir geblüht hätte, wenn ich als gebürtiger Brahmane und amtierender Priester in einem Tempel begonnen hätte, die Schriften Sigmund Freuds zu lesen, um Psychoanalytiker zu werden. Zu Freud sei er gekommen, erzählte mir Kakar, weil er von der indischen Märchenwelt wegwollte. Mittlerweile sei er nicht mehr so sicher, ob er damit das richtige Geschäft gemacht habe.

Ramakrischna und Padre Pio sind in ihren Märchenwelten geblieben und Heilige geworden. Ihre Beliebtheit über den Tod hinaus zeigt, dass Maschinen zwar fliegen, aber nicht beten können.

Rostige Nägel und ein Leichenzahn

Das Faktotum im Dom von Monza, wo ich die Eiserne Krone der Langobardenkönige besichtigen durfte, erzählte mir die Geschichte von der Kaiserin Helena, die in Jerusalem das Kreuz Christi gefunden hatte, mitsamt den dazugehörigen Nägeln. Einen von ihnen habe die fromme Dame in einen Stirnreifen umschmieden lassen, für ihren Sohn Konstantin. So und nicht anders sei die Heiligkeit jener Krone zu betrachten, die später den Nachfolgern Karls des Großen aufs Haupt gedrückt werden musste, ehe sie vom Papst in Rom zum Kaiser gesalbt wurden.

In Kandy auf Sri Lanka, sozusagen am anderen Ende der Welt, stand ich vor dem Tempel, in dem Buddhas linker Eckzahn aufbewahrt wird. Er wurde, so das Erzählgut, nach der Einäscherung der irdischen Hülle des Vollendeten der prominenten Entsagerin Khema aus dem Gefolge des Buddha überlassen. Hernach sei die Reliquie jahrhundertelang zum Streitobjekt diverser Herrscherfamilien geworden, bis sie schlussendlich in Kandy landete, wo sie jedes Jahr im August Mittelpunkt festlicher Begehungen ist, unter Mitwirkung von hundert kostbar gekleideten Elefanten. Diese Prozessionen garantieren das regenreiche Klima.

Die Eiserne Krone in Monza hat im Vergleich dazu heute nichts mehr zu bieten. In beiden Fällen war Machtwille im Spiel, sich durch Aneignung der Kostbarkeiten bei den Untertanen in Szene zu setzen.

Um aus rostigen Nägeln wundertätige Reliquien und aus einem ans Kreuz geschlagenen Wanderprediger einen unbesiegbaren Reichsgott für das römische Imperium zu machen, musste sich Konstantin (gest. 337 n. Chr.) einiges einfallen lassen. Deshalb wird er »der Große« genannt. Das lernen die Kinder in der Schule und sagen es auf, wenn sie geprüft werden. Konstantin hatte den Historiker Eusebius von Cäsarea an der Hand, auf den Verlass war. Er beherrschte die Rhetorik der Lobesrede für hochgestellte Persönlichkeiten und pries den Kaiser als privilegierten Empfänger göttlicher Traumbotschaften. Nachhaltiger noch brachte sich Konstantin durch seine Bautätigkeit in Erinnerung, auch in Jerusalem, an der Stelle des vermuteten Grabes Christi. Helena, von ihrem Sohn in den Rang einer Augusta erhoben, reiste an, um den Wallfahrtsbetrieb zu promoten. Die Details über die Auffindung des Kreuzes Christi samt der zugehörigen Nägel wurden von phantasiebegabten Chronisten nachgereicht, die nie in Jerusalem gewesen waren. Nach sorgfältiger Prüfung der vorliegenden Berichte entschied sich tausend Jahre später der Autor des bereits erwähnten Erbauungsbuches »Legenda aurea« für die Version, es seien drei (und nicht vier) Nägel gefunden und in die Rüstung Konstantins eingearbeitet worden. Bei Gelegenheit der Ausgrabungen habe man die Nägel auf einmal wie Gold im Erdreich aufblitzen gesehen.

Die mittlerweile vergessene Literaturgattung, der sich solche Übertreibungen verdanken, wurde in der Antike Aretalogie genannt, Wunderbeschreibung. Die Jenseitigen, ob sie nun Zeus hießen oder Isis, hatten sich durch erstaunliche Krafterweise bemerkbar zu machen, wie etwa Herakles, der bereits als Baby zwei bissige Schlangen erwürgte. Die Wunderbeschreiber verfügten über ein reichhaltiges Repertoire an Überraschungseffekten, nachlesbar in jeder Darstellung griechisch-römischer Mythologie. Beliebt war unter anderem die Schilderung von Verwandlungen bestimmter Menschen in Tiere und umgekehrt, märchenhaft genug. Dass eiserne Nägel, die zweihundert Jahre in der Erde gerostet haben, im richtigen Moment goldig erscheinen, gehört zu den Varianten des Schweifens im Möglichen, das ab und zu in Verwirklichung umschlägt.

Wie im Fall des Christentums, das aus verborgener Sektenwirtschaft von Konstantin auf die Bühne der Weltpolitik gebeten wurde.

Dass Eusebius, der beflissene und in der Regel wohlunterrichtete Biograph Konstantins, kein Wort über die Auffindung des Kreuzes Christi und der dazugehörigen Nägel verliert, macht stutzig. Eusebius weiß nichts von den drei Kreuzen der »Legenda aurea« – zwanzig Schritt unter der Erde gefunden und hernach öffentlich ausgestellt, woraufhin ein toter Jüngling wieder zum Leben erwacht, sobald er mit dem authentischen Kreuz in Berührung gebracht wird.

Dokumentiert hingegen sind die ungezählten Splitter und Stücke vom Kreuz Christi, die nach Konstantinopel und Rom kamen, später nach Spanien und Frankreich, auch nach Belgien und Deutschland, und zur begehrten Handelsware wurden, bis Calvin und Luther einschritten. Katholischerseits wurde das Fest der Auffindung des Kreuzes 1960 abgeschafft. Die Frage, ob bei der Bergung des Marterholzes gemogelt wurde, ist ebenso statthaft wie die nach der Verteilung der Asche des Buddha auf die zahllosen Stupas Asiens.

Die Fragen bleiben, die Adressaten sind unerreichbar. Ihrer Unverwüstlichkeit schadet das überhaupt nicht.

Schwankende Gestalten

Die früh sich einst dem trüben Blick gezeigt, wie in der Zueignung zu Goethes »Faust« zu lesen ist. Der Stoff, aus dem die Träume sind, die Literatur und das Theater, im Fall des deutschen Dichterfürsten romantisch eingefärbt. Und mich ergreift ein längst entwöhntes Sehnen nach jenem stillen, ernsten Geisterreich, meinte der Verfasser, bereits als junger Mann verwöhnt vom unglaublichen Erfolg des »Werther« und mit dreißig Geheimer Rat am Hof von Weimar.

Das Geisterreich Goethes wird angeführt von jenem Magister Faustus, den der Abt Johannes Tritheim um 1500 herum in einem deutschen Wirtshaus angetroffen hatte, verblüfft vom Redeschwall des angeblich mit okkulten Kräften begabten Mannes. Hundert Jahre später stand Faust in London auf der Bühne, in der Gesellschaft von zottigen Teufeln. Das Faustische erwies sich als Ansporn auch für Goethe, der alchemistische Traktate und die Prophezeiungen des Nostradamus durchaus studiert hatte, mit heißem Bemühn. Fertig geworden ist die Tragödie nicht. Dass der Wunderstoff zu einem guten Ende gebracht werden sollte, steht trotzdem fest.

Nicht dem Geisterreich, sondern einer bekannten Persönlichkeit des elisabethanischen Zeitalters verdankt der Prospero in Shakespeares »Sturm« seine Rolle: Sie war inspiriert vom Wirken des Dr. John Dee (gest. 1608), dessen Kristallkugel im British Museum aufbewahrt ist. Dee wurde von Kaiser Rudolf II. in Prag empfangen und ernährte seine Familie mit der Erstellung von Horoskopen. In seinem Tagebuch ist die erfolgreiche Kontaktaufnahme mit einem Engel namens Uriel vermerkt, während einer spiritistischen Séance, und außerdem war er bewandert in der Occulta Philosophia, der intellektuellen Aufstiegshilfe von den sichtbaren zu den unsichtbaren Dingen in Richtung Unsterblichkeit.

In der Rolle des Prospero geht Dr. Dee dann eher verzagt von der Bühne, nach der Entlassung des Letzten aus der Schar der ihm dienenden Spirits: Kein Geist mehr, der mich anerkennt; Verzweiflung ist mein Lebensend, wenn nicht Gebet mir Hilfe bringt, das wirksam in den Himmel dringt.

So endigt Shakespeares letztes Stück mit einer ironischen Durchkreuzung theatralischer Simulation magischer Künste. Die Bitte Prosperos, gerichtet ans Publikum, ihn doch von seiner gottverlassenen Insel wegzuholen, versteht sich als verschmitzter Appell an die Einbildungskraft. Uraufführung 1611. Shakespeare ahnte, 200 Jahre vor Goethe, dass der Glaube an Wunder wie eine bedrohte Art zu behandeln war, betreut von Literaten und Geistlichen.

Auch der melancholische Habsburger auf dem Hradschin Prags schwankte zwischen spanisch-katholischem Glaubensernst, Wissbegier und Geisterbeschwörung. Rudolf suchte die Nähe gefeierter Astronomen (Tycho Brahe, Johannes Kepler) ebenso wie den Zuspruch spirituell beschwingter Berühmtheiten (John Dee, Rabbi Löw). Auch Giordano Bruno machte in Prag Station, ehe er von der heiligen Inquisition in Italien geschnappt und hingerichtet wurde.

Rudolfs Hof, eine trübe Mischung aus Korruption, Intriganz und Verschwendung, rotierte um die wechselnden Launen eines Monarchen, der die Arbeiten Albrecht Dürers schätzte und eine »Wunderkammer« mit Kuriositäten ausstattete, entsprechend den Vorlieben des Hochadels der Zeit. Mit Alraunen zum Beispiel, seit der Antike als Zaubermittel bekannt, wegen ihrer Wurzel, die bisweilen an menschliche Formen erinnert. Mit Missgeburten, Madonnenfiguren, Automaten, Straußeneiern, Himmelsgloben, Narwalhorn, priesterlichem Kopfschmuck aus Mexiko.

Im Prag Rudolfs, wo Alchemie und Kabbala Tür an Tür betrieben wurden, kam ein Ersatzmensch ins Gerede und machte als Golem Karriere. Reelle Unsterblichkeit durch Klonen lässt vorläufig noch auf sich warten.

Dass sich das Geisterreich ausgerechnet im Industriezeitalter mit aller Kraft zurückmeldete, fügt sch nur schwer ins gängige Geschichtsbild. Manche Spirits ließen sich sogar fotografieren. Börsentipps gaben sie nicht.

Schwindeln erlaubt

Die Blumenkinder des Neuen Zeitalters, wie es genannt wurde, durfte ich 1967 im Ashbury Haight-Viertel von San Francisco betrachten, umgeben von Marihuanaschwaden. Ein Jahr später erschien die völkerkundliche Studie »The Teachings of Don Juan« von Carlos Castaneda in der University of California Press und avancierte über Nacht zur Pflichtlektüre der Hippies. Castaneda wurde zum Doktor promoviert. Seine Begegnungen mit einem indianischen Lehrmeister esoterischer Weisheiten und Praktiken in der Sonora-Wüste (Arizona, USA und Nord-Mexiko) sind flüssig geschrieben und gelangten bald auf die internationalen Bestsellerlisten. Castaneda zog es vor, sich dem Rummel um seine Person zu entziehen, gewährte nur ganz selten ein Interview und ließ sich ungern fotografieren. Den Ethnologen Hans Peter Duerr fragte er, was er sehe, wenn er ihm in die Augen schaue. Deine Pupillen. Nein – allenfalls zwei Steine.

Wegen der scharfen Kritik aus Fachkreisen machte sich Castaneda also keine Sorgen. Bald war klar, dass er über Flora, Fauna und Klima der Sonora-Wüste lediglich angelesene Kenntnisse hatte. Auch zeigte sich, wie wenig seine Weltsicht mit indianischem Schamanismus zusammenhing. Ob sein Informant tatsächlich als Heiler *(curandero)* und Zauberer *(brujo)* tätig oder lediglich fingiert war, blieb kontrovers. Die literarische Qualität der ersten drei seiner insgesamt zwölf Bücher lässt sich gleichwohl kaum bestreiten. Nach dem Tod Castanedas 1998 sank sein Marktwert beträchtlich. Seiner Philosophie entsprechend war das vollkommen belanglos.

Auf den ersten Seiten seines Lebensromans schildert Castaneda eine nächtliche Autofahrt in Begleitung zweier Einheimischer durch die Sonora-Wüste. Im Scheinwerferlicht sei ein großer Hund über die Straße gelaufen. Ein Kojote? Die sind in der Regel kleiner, meinten die Mitfahrer. Unter Umständen könnte es auch ein Hexenmeister *(diablero)* gewesen sein, der Tiergestalt angenommen habe.

Im Verteilen solch verstohlener Einladungen, beim Lesen in Wirklichkeiten voller Wunder zu geraten, verfügte Castaneda über eine hervorragende Schreibhand. Seitenlange Berichte des Autors über seine Erfahrungen nach Einnahme halluzinogener Substanzen verstärkten den Eindruck authentischer Reportage. Ein billiger Ersatz für die heiligen Pilze Mexikos war seit 1960 ohnehin auf dem Markt, in Form der Rauschdroge LSD. Ein paar Milligramm davon genügten, sich allwissend zu fühlen. Oder zu fliegen. In einem seiner Bücher schildert Castaneda minutiös, wie er vom Paseo de la Reforma in Mexico City zum zwei Kilometer entfernten Lagunilla-Markt katapultiert worden sei, sekundenschnell und ohne vorherige Zuführung von Chemie. Der einzige Zeuge dieses Vorgangs, sein geheimnisvoller Lehrmeister, entzog sich jeder Nachfrage.

Einen Hinweis auf seine Gedankenwelt hat Castaneda in dem Motto versteckt, das er dem Buch voranstellte.

Es ist den Schriften des San Juan de la Cruz (gest. 1591) entnommen und bezieht sich auf einen einsamen Vogel, der sich nicht nach Begleitern sehnt.

Das ist katholische Mystik, nicht mexikanische Zauberei. Juan de la Cruz liebte die Metapher des Fliegens in seinen Gedichten, um seinen kühnsten Hoffnungen Ausdruck zu geben: *Por una extraña manera mil vuelos pasé de un vuelo, porque esperanza di cielo* – Himmelwärts strebend, o Wunder, hab ich's geschafft und tausend Flüge auf einmal vollbracht.

Dazu passt die vollständige Abwesenheit erotischer Stoffe in Castanedas Texten. Sein Ich-Erzähler soll sich in Kriegskünsten, nicht in Liebesabenteuern schulen. Damit steht er außerhalb der Welt von Woodstock, wo 1969 zur Vermischung der Boys und Girls Musik gemacht wurde.

Man denke an das Fliegen im Traum! Das Rufzeichen hinter der Aufforderung in seiner »Traumdeutung« wurde von Sigmund Freud kaum achtlos gesetzt. Die nahe Verbindung des Fliegens mit der Vorstellung des Vogels, so Freud, macht es verständlich, dass der Fliegetraum bei Männern meist eine grobsinnliche Bedeutung hat.

Meist. Das Vögeln, ein in Wien mundartlich üblicher Ausdruck für Geschlechtsverkehr, als verschwiegene Obsession schreibtischgebundener Ethnologen? Im Gegensatz zu seinem Namen verzichtet der Don Juan Castanedas konsequent auf diese schlichte Frage. Seine realen Kollegen in der Sonora-Wüste, sozial isolierte alte Männer auf ihrem kleinen Feld in der Nähe einer Wasserstelle, leben mit ihren Wunschträumen von liebeshungrigen Besucherinnen, so ähnlich wie die Wüstenväter der christlichen Antike Ägyptens. Und sie haben die seltsamsten Wundergeschichten im Repertoire, wenn ihnen jemand zuhört, zum Beispiel die Blumenkinder des Neuen Zeitalters im Ashbury Haight-Viertel von San Francisco, umgeben von Marihuanaschwaden.

Billig zu haben

Allmählich sollte deutlich geworden sein, welche Zielgruppe die Überirdischen bevorzugen, wenn sie gut aufgelegt sind. Es handelt sich in der Regel um Bevölkerungsgruppen unter oder nicht sehr hoch über der Armutsgrenze. Sie benötigen den Glauben an Wunder viel eher als die Gebildeten und halbwegs mit ihrem Leben Zufriedenen, wobei die Oberschicht in Geschmacksfragen den Ton angibt. Sie hat Dome und Tempel in Auftrag gegeben, Schlösser und Museen, Opernhäuser und Konzerthallen.

Im Kleingöttlichen dagegen ist billige Massenware die Regel, Kitsch in den verschiedensten Formen. Warum nicht. Echte Buddhas oder Madonnen der Spitzenklasse sind bekanntlich unerschwinglich.

Gnadenorte entstehen dort, wo die Natur karg und bedrohlich ist, in der Wüste wie in Mekka, im Gebirge wie in Jerusalem. Wo von der Hand in den Mund gelebt wird wie in Apulien, der Heimat des Padre Pio. Dort übernahm der Erzengel Michael im Jahr 491 n. Chr. die Patronanz über das Heiligtum des Asklepios auf dem Gargano, mitsamt dem dortigen Grottensystem, das die Verbindung zum Totenland in Betrieb hält. Bei den Etruskern galt der Vorgänger Michaels als Totenbegleiter. Ein Besuch der Wallfahrtskirche in Monte Sant' Angelo (20 km von Manfredonia) lässt die Seele ins Unvordenkliche wandern, wo Zeit keine Rolle spielt und Träume bedeutsamer sind als ein Rezept vom Arzt.

Der Padre Pio wiederum erschien manchen Hilfsbedürftigen während des Schlafs, mit der Einladung, ihn aufzusuchen, zum Beispiel dem schwer krank aus der russischen Kriegsgefangenschaft heimgekehrten Karl Johannes Wagner aus Wien, der ärztlicherseits aufgegeben war. Im November 1953 reiste Wagner an, beichtete dem Padre Pio seine Sünden und wurde von ihm zunächst darüber aufgeklärt, dass er bald sterben müsse. Erst nach inständigen Bitten des Patienten kam die Zusage, dass Padre Pio die Krankheiten des Patienten auf sich nehmen wolle. Fortan habe er sich gesund gefühlt, erzählte Wagner später in zahlreichen Diavorträgen, die auch als Tonkassetten Verbreitung fanden. Zu lesen sind Wagners Ausführungen in kleinformatiger Heftform. Dort heißt es: Viele Straßendirnen sind von bösen Geistern besessen. Die Dämonen der Unzucht gehören zu den stärksten bösen Geistern. Als Padre Pio die heilige Messe im Freien las, hörte man öfter laute Stimmen wie Hundegebell. Die Dämonen machten sich auf diese Weise bemerkbar.

Erzählprosa dieser Art bezieht ihre Suggestivkraft durch Aneinanderreihung wunderbarer Vorgänge, in der Regel ohne besondere Rücksicht auf den Umstand der Zeit und des Ortes, nur selten mit Namensnennungen der Betroffenen. Zum Beispiel: Ein Fräulein wurde aus eigener Schuld vom Teufel besessen und hat es schrecklich getrieben; ein Priester opferte sein Leben für sie auf; kurz darauf starb er; in diesem Augenblick wurde sie befreit. Oder: Als amerikanische Flugzeuge während des letzten Weltkrieges San Giovanni Rotondo bombardieren wollten, sahen die Flieger immer wieder einen Pater über dem Kloster schweben, sodass es nie zu einem Bombenabwurf kam. Schließlich: Ein hoher geistlicher Würdenträger sprach in Gesellschaft sehr verwerflich über Padre Pio; ein paar Tage später lag er tot im Bett. Endlich: Täglich müssen ungefähr 400 000 Menschen die Reise ins Jenseits antreten, und wie wenige sind darauf vorbereitet! Das war der größte Schmerz des Padre Pio.

Erstaunlich ist die Nähe solcher Heiligenbeschreibungen zu den antiken Vorbildern aus vorchristlicher Zeit. Übernatürliche Kraftakte benötigen Erzählströme, die das Geschehene in die Nähe des Allwissenden, Allgegenwärtigen und Allmächtigen rücken. Deshalb die superlativischen Wortwahlen, die auf Außenstehende wie Übertreibungen wirken.

Für die Gläubigen ist das kein Problem. Liugina Suppo aus Turin beispielsweise, befreit von einem Knochenkrebs im Endstadium, sagte der »Zeit«: Padre Pio war heilig in dem ersten Moment, als ich ihn gesehen habe. Er stand in Gottes Licht. Immer, wenn ich in seiner Nähe war, wurde es hell und es roch nach Blumen.

Die Frage, ob es wahr sei, dass der Padre Pio in weit entfernten Örtlichkeiten gesichtet wurde, während er nachweislich im Beichtstuhl saß, setzt die Gläubigen nicht in Verlegenheit. Die Gläubigen haben die Broschüre über die Wundertaten des Padre Pio billig erstanden, während einer Wallfahrt nach San Giovanni

Rotondo zum Beispiel. Dort glauben alle an den Padre Pio. Atheisten, Journalisten oder aufgeklärte Theologen wie ich sollten in San Giovanni Rotondo besser den Mund halten.

Das gilt auch für Anlässe, die in dem Kinofilm »Darshan – Die Umarmung« (2005) dokumentiert sind. Gezeigt wird eine lächelnde Inderin, die in Kalkutta, Benares und Delhi etliche tausend Andächtige der Reihe nach kurz an sich drückt. Zu erfahren ist, dass die mittlerweile als Heilige verehrte Mittfünfzigerin ein Hilfswerk für alleinstehende Mütter finanziert und das Kastenwesen für entbehrlich hält. Angeredet wird sie mit Mahatma wie Gandhi oder einfach mit Amma, wie jede Mutter. Nach einem achtzehnstündigen Behandlungstag wirkt sie frisch und gut aufgelegt, lediglich ihr Kleid hat in der Brustgegend Schmutzflecken. Ihr Nimbus benötigt keine Wundmale wie jener des Padre Pio, und vom Zwang, ständig Wunder machen zu müssen, ist sie offenkundig befreit. Der Nächste bitte.

An der Mahatma zerschellen pathetische Begriffe wie Glaube, Liebe, Sexualität, Aggressivität, Religion. Die Mahatma hat mittlerweile etliche Millionen Menschen an sich gedrückt. Gott schweigt, der Teufel ärgert sich. Dass es die Mahatma überhaupt gibt, grenzt an ein Wunder, an tausend Wunder auf einmal.

Chemotherapien

Während seiner Tätigkeit als Reiseschriftsteller in der Karibik und in Lateinamerika lernte Hubert Fichte (gest. 1986) die französische Anthropologin Gisèle Cossard (geb. 1923) kennen, die in Rio de Janeiro eine Candomblé-Priesterin geworden war. Den Lebensunterhalt verdiente sie sich mit einer bestimmten Wahrsagekunst, zu der kleine Muscheln verwendet werden. Sie kannte auch Rezepturen, die dazu dienen, jemanden aus der Ferne zu töten. Ihre Einführung in den Priesterdienst der Candomblé-Religion fand nach dem Bruch mit einer Vergangenheit als Gattin eines Diplomaten und dem Verzicht auf eine akademische Karriere an der Sorbonne statt.

Ich habe Hubert Fichte 1979 in Wien getroffen und ihn gefragt, warum er sich mit den afroamerikanischen Kulturen befasse. Weil er ihre Schönheit bewundere und von der Zerstörung dieser Schönheit durch unsere westliche Lebensart berichten wolle, erklärte Fichte. Und er fügte hinzu: Ich bin homosexuell. Das ist mein Milieu.

So fand er in der Neuen Welt Zugang in Kreise, die ihr Innenleben ungern preisgeben, ihr Kino der Entraffungen, des Gedankenverlusts, der Schmerzunempfindlichkeit, der Körperstarre, des zweiten Gesichts. Ohne Rum keine Religion, musste Fichte zur Kenntnis nehmen, und ließ sich in der Folge auf die Kräutermärkte führen, denn Rum allein macht nicht glücklich. In den

Aufzeichnungen Fichtes sind mehr als 600 Namen von Kräutern angeführt, die bei der Zubereitung der Rauschdroge *Abó* in Brasilien Verwendung finden. Manche Zutaten, zum Beispiel Balsam, müssen aus Afrika importiert werden und sind teuer. Unter etlichen tausend Dollar ist daher keine wirksame Veränderung des Ichbewusstseins auf Dauer zu bewerkstelligen. Sie kann Wochen und Monate dauern. Es erscheint mir als erwiesen, so Fichte, dass im Candomblé Brasiliens eine Chemotherapie während der Einweihungszeit durchgeführt wird. Für gewöhnlich reicht das Trinken von *Abó* in Verbindung mit anderen Riten aus. Kann die Konditionierung des Bewusstseins damit nicht erreicht werden, hilft man sich mit der sogenannten *Obrigaçao de consciência* (= Gewissenspflicht). Das Bewusstsein wird chemisch zerbrochen.

Gisèle Cossard betrachtete solche Wunderkuren im Gespräch mit Fichte eher entspannt. Sie gehörten zur Routine ihrer seelsorglichen Arbeit im Elendsviertel von Rio. Mir fehlt die französische Küche, die Pariser Konditoreien, meinte die Dame. Wir essen Reis und schwarze Bohnen, etwas Gemüse, Fisch, Fleisch und Maniokmehl. Ich suche selbst die Kräuter, die ich brauche. Nach dem Frühstück beginnen die Konsultationen. Kranke kommen. Abends die Gottesdienste. Von Zeit zu Zeit nehme ich ein Kräuterbad, wenn ich zu viel von den Lasten meiner Kunden auf mich genommen habe. Ich weihe zweimal im Jahr ein. Das dauert anderthalb Monate. Man macht einer Person einen neuen Kopf. Ich bin glücklich, wenn ich eine Person restrukturiere.

Die Kräfte sind da, und man bedient sich ihrer, um den Menschen zu helfen. Man dynamisiert die Menschen durch Opfer, mit der Hilfe von Pflanzen, Waschungen, Reinigungen. Man braucht starke Narkotika. Unter meinen geistlichen Söhnen sind viele Homosexuelle, und sie sind äußerst ermüdend, übergeschäftig, sie wollen immer die anderen übertrumpfen. Es ist sehr schwierig, in Brasilien sexuelle Freiheit zu finden. Es gibt Augenblicke, da habe ich Lust, alles zuzumachen und wegzugehen. Ich ernähre die ganze Bagage, ich habe kein Geld, nichts anzuziehen, aber es geht irgendwie weiter. Ich bin hier gelandet, um eine andere Welt zu finden, eine freundlichere, und habe entdeckt, dass sie bürgerlicher ist als die französische, lediglich etwas aufregender.

Hätten wir die Möglichkeit, durch einen Spiegel hindurchzugehen, dann könnten wir vielleicht die Götter sehen, sagte die Dame. Weltweit hat sich ihre Kunst, den Leuten einen neuen Kopf zu machen, leider noch nicht herumgesprochen.

Zweierlei Geburt

Die Umwandlung der Person des Padre Pio geschah ohne Chemie und über Jahre hinweg. Als Bauernkind aufgewachsen, in einem Landstädtchen Kampaniens nahe bei Benevent, mit vier Geschwistern. Fromme und liebenswerte Eltern, tägliches Rosenkranzgebet, dreijährige Elementarschule nach der Arbeit auf den Feldern. Zwischendurch muss der Vater als Taglöhner nach Amerika, wie damals viele Italiener aus dem Mezzogiorno. Mit seinen Altersgenossen darf der Knabe am Altar dienen. Sein Wunsch, Geistlicher bei den Kapuzinern zu werden, erwacht früh und wird von den Eltern gebilligt und unterstützt, durch Finanzierung von Lateinstunden. Eintritt bei den Kapuzinern im Alter von 15 Jahren. Einkleidung in den braunen Habit des Ordens, Namensänderung: Aus Francesco Forgione wird Pio.

Aber die Kutte macht nicht den Mönch. Während der acht Jahre bis zur Priesterweihe muss Pio ein rigoroses Programm sadistischer Pädagogik absolvieren. Er wird krank: chronische Bronchitis, Fieberattacken, Brechreiz. Die Oberen schicken ihn zur Erholung nach Hause. Kaum ist er wieder im Kloster, geht es ihm schlecht. Etliche Kollegen während des Theologiestudiums kehren bald ins zivile Leben zurück, Pio bleibt, lernt, seine Leiden zu lieben.

Kurz nach seiner Priesterweihe bemerkt Pio schmerzende Stellen an seinen Händen, ähnlich den Nagelwunden des Gekreuzigten. Sie verschwinden wieder. Definitiv stigmatisiert wird Pio im September 1918 mit 31 Jahren. Damit ist seine Wiedergeburt beendet.

Die Zerstückelung der Person, wie bereits erzählt, ist altes schamanisches Erbe. Kein Kinderspiel, sondern ein qualvoller Prozess, der im Fall des Padre Pio fünfzehn Jahre dauerte. Während dieser Zeit taucht in Briefwechseln und Augenzeugenberichten der Name des Novizenmeisters Padre Tommaso auf, der die Methoden der Abtötung lebenslustiger Vorlieben beherrschte. Die Neulinge im Kloster, die ihm anvertraut waren, hatten nichts zu lachen. Geweckt wurden sie eine halbe Stunde nach Mitternacht zum Frühgebet, das bis drei Uhr dauerte. Nach kurzer Bettruhe ab fünf Uhr weiteres Psalmodieren, gefolgt von Litaneien, Meditationen und zwei Messen. Zum Frühstück Brotsuppe, dann Unterricht und Studium. Zu Mittag Brot und Gemüse, dann musste nach einer kurzen Siesta die Latrine geputzt werden. Abermaliger Unterricht von Padre Tommaso, hernach Sprecherlaubnis während der Rekreation im Garten, Rosenkranzgebet, frugales Abendessen, letzter Unterricht, Nachtgebet, Schlafenszeit um 21 Uhr.

Zur Abtötung gehörte die eigenhändige Züchtigung *(disciplina)* des nackten Rückens mit einer Kette, dreimal in der Woche, unter den Augen Tommasos. Auch während der Mahlzeiten befahl Tommaso ohne Angabe von Gründen gelegentlich eine Züchtigung in der Ecke des Refektoriums, bis zum Abwinken.

Mit Pio durfte Tommaso zufrieden sein. Gelegentlich musste er ihm befehlen, mehr Nahrung zu sich zu nehmen, als er bereit war zu essen. Pios einziges Problem, die Revolte seines Körpers gegen das engelgleiche Leben, konnte auch Tommaso nicht aus der Welt schaffen.

Die dauerhafte Kennzeichnung seiner Person mit den Wunden des gekreuzigten Christus erlebte Padre Pio während zweier Entraffungen. Eine geheimnisvolle Persönlichkeit *(misterioso personaggio)* habe mit einem scharfen Instrument seine inneren Organe verletzt und ihm sodann die Wunden an Händen und Füßen beigebracht. Seitdem bin ich nie schmerzfrei gewesen, schrieb Padre Pio an seine Vorgesetzten.

Weltanschaulich genommen klingt das nicht besonders ermutigend und erinnert an die buddhistische Einsicht, dass Leben gleich Leiden sei. Im Jahrhundert zweier Weltkriege stand Padre Pio als Schmerzensmann am Altar. Befehl von oben.

Der allgemeine Wunsch nach einer Korrektur des Geburtstraumas ist so alt wie der Ackerbau mit seiner lebenslänglichen Plackerei. Wozu das alles? Weil ich geboren wurde. Die Priester trösteten die Leute entweder mit der Hoffnung auf ein besseres Leben im Jenseits oder mit dem Hinweis auf ewige Ruhe nach zahllosen Wiedergeburten. Vor fünfzig Jahren glaubten ein paar Blumenkinder, sie seien auf der Welt, um glücklich zu sein, bis sie an Aids erkrankten. Für den Padre Pio war das die gerechte Strafe Gottes für Unzucht und Schamlosigkeit. Gleichwohl werden in dem von Padre Pio gegründeten Spital »Casa Sollievo della Sofferenza« auch Geschlechtskrankheiten behandelt, falls nötig unentgeltlich.

Der Lebenskraft des Padre Pio hat seine Rolle als Stigmatisierter kaum geschadet. Die »New York Times« beschrieb den Sechzigjährigen als jovial, zur Korpulenz neigend und durchaus rüstig. So gesehen lässt sich gegen Wiedergeburten wenig einwenden, wenn sie aus Dutzendmenschen Ausnahmeerscheinungen machen, deren Kraftfelder die Dämonen des Alltags vertreiben, gegen besseres Wissen und über den Tod hinaus. Zurzeit gilt San Giovanni Rotondo in Apulien als attraktivster Wallfahrtsort Europas, mit sieben Millionen Besuchern im Jahr.

Gott in Frankreich

Sind Sie intelligent? Hoffentlich. Auch »intellektuell«? Nur wenn Sie sich einen Namen als Schriftsteller, Architekt, Opernstar usw. gemacht haben und es nicht lassen können, aus gegebenem Anlass öffentlich gegen bestimmte Blödheiten, Ungerechtigkeiten, Gemeinheiten zu protestieren – so wie jene 2000 Künstler, Literaten, Wissenschaftler und Beamte, die 1898 in Paris gegen eklatante Rechtsbrüche der Militärjustiz unterschrieben und von Georges Clemenceau als Intellektuelle bezeichnet wurden. Ihre Heimat ist Frankreich, wo ein klassenbewusstes Schulsystem den Eliten beibringt, im Schriftlichen durch Pflege einer geschliffenen Sprache gut dazustehen. Ohne Stilsicherheit wären weder Zola noch Sartre zum Gewissen der Nation aufgestiegen, selbstverständlich im Namen der Aufklärung, nicht im Namen Gottes. Clemenceau betrieb als Sozialist erfolgreich die Trennung von Kirche und Staat, womit die Gläubigen ins intellektuelle Abseits gerieten.

Allerdings mit Ausnahmen. Gott existiert. Ich bin ihm begegnet. Unter diesem Titel veröffentlichte der renommierte Journalist André Frossard (gest. 1995) einen autobiographischen Bericht, der 1969 zum Weltbestseller wurde. Geschildert wird in dem Buch jener Vorgang am 8. Juli 1935, zwischen 17 Uhr 10 und 17 Uhr 15, der den seelenruhigen Atheisten so nachhaltig umkrempelt, dass er sich wenige Monate später katholisch taufen lässt. Ein befreundeter Redaktionskollege hat ihn gebeten, in der Rue d'Ulm vor einem Nonnenkloster kurz zu warten. Er wird neugierig, betritt die zugehörige Kirche. Seine Augen erfassen eine beleuchtete Monstranz, bleiben an der zweiten Kerze von links hängen, und in dem Moment stürzt der Himmel auf ihn zu, eine Lawine von Wundern aus einer unbekannten Welt der Helligkeit und Freude. Nach einem Monat verblasst das Licht allmählich in seinem Bewusstsein. Die Erinnerung ist unzerstörbar. Sie wird ihm helfen, 1944 als Häftling in der Judenbaracke des Fort Montluc Fassung zu bewahren. Ab 1962 schreibt er im »Figaro« eine tägliche Kolumne, wird Mitglied der Académie française und bleibt bis zu seinem Tod ein Mann der Feder, dessen Meinung zum Weltgeschehen beachtet wird.

Mit seiner plötzlichen Überwältigung aus heiterem Himmel durfte sich Frossard schmeicheln, Mitglied im höchst exklusiven Club berühmter Konvertiten geworden zu sein, mit Paulus, Augustinus und Pascal im Register. Paul Claudel (gest. 1955) war ebenfalls mit von der Partie. Er hatte als gelangweilter Achtzehnjähriger den Weihnachtsgottesdienst in der Kathedrale Notre Dame besucht, als der Blitz der göttlichen Vorsehung einschlug. Widerstand zwecklos. Die Quellen religiös beflügelter Dichtkunst begannen zu sprudeln. Es folgte ein jahrzehntelanger Briefwechsel mit André Gide (Nobelpreis 1947), der sich lieber von seiner Gottlosigkeit inspirieren ließ. Seine »Verliese des Vatikans« von 1914 entsetzten Claudel, wegen der in dem Roman zur Sprache gebrachten Thematik des homosexuellen

Verlangens. Das Jahrhundert der beiden Weltkriege und des Kalten Kriegs hatte begonnen. Danach war für spektakuläre Konversionen keine Zeit mehr. Wir sind zu erschöpft, schrieb Sartre, um aus uns einen dringenden Fall zu machen. Uns fehlt der buchstäblich verrückte Starrsinn der Helden von Samuel Beckett. Warum kommt er nicht, der Andere? Vielleicht gibt es gar keinen, der so heißt, vielleicht heißt er ja Godin oder Godard. Godot sagt sich, es hat keine Eile, ich werde vorbeikommen, wenn ich meine Angelegenheiten erledigt habe. Wenn er nicht in einer Kneipe sitzt und unsere Adresse verloren hat. Oder unsere Rufe waren so schwach, dass er sie nicht gehört hat.

Zwar segneten die Päpste weiterhin den Erdkreis. Frankreich allerdings war zum Missionsland geworden. In Paris und Umgebung besuchte nur noch eine kleine Minderheit die Sonntagsmesse. André Malraux, notorischer Abenteurer und literarischer Existenzialist, wurde unter General de Gaulle Kulturminister und kümmerte sich um das imaginäre Museum der Menschheit, wie er es nannte, als Ausdruck der spirituellen Leere seiner Zeit. Für Lourdes hat sich Malraux nie interessiert. Zu kitschig.

Abwehrzauber

Von den Kulturanthropologen war schon die Rede. Einen von ihnen verschlug es 1977 zu einem kleinen Indianerstamm im Amazonasgebiet. Gekommen war er als Missionar mit dem Auftrag, das Evangelium in eine Sprache zu übersetzen, die nur von 300 Menschen beherrscht wurde und für die es weder ein Wörterbuch noch eine Grammatik gab. Der Missionar studierte deshalb Linguistik, lebte mit Frau und Kindern in seiner Hütte am Ufer eines fischreichen Flusses, schaute den Männern beim Basteln zu und den Frauen beim Kochen. Weil er Medikamente hatte, war er willkommen. Bald stellte sich heraus, dass die Sprache des Dorfes weder ein Wort für »heute« noch für »morgen« bereithielt. Das setzte den Missionar deshalb in Verlegenheit, weil sein Herr Jesus von einem bevorstehenden Weltgericht geredet hatte. Die Indianer erkundigten sich nach dem Aussehen des Herrn Jesus, seiner Gesichtsfarbe und Körpergröße. Als der Missionar einräumen musste, dass er den Herrn Jesus nicht persönlich kennengelernt hatte, waren die Indianer enttäuscht. Sie kannten weder Märchen noch Geschichten von Vorfahren, die schon lange tot waren. Andererseits bemerkten sie gelegentlich auch bei Tageslicht einen bösen Geist, den der Missionar nicht sehen konnte. Nach und nach musste sich der Missionar eingestehen, dass er zum Atheisten geworden war.

Kein Wunder. Nach dreißigjähriger Lehrzeit unter

Menschen, die mit Giftschlangen, Taranteln, Moskitos, Anakondas, Kaimanen lebten, trotzdem gern und viel lachten, endlos miteinander auch während der Nacht plauderten, ohne Zeitdruck, ohne Chefs, ohne Zukunftssorgen, ohne Sexualtabus, da wusste der Prediger nicht mehr so recht, ob er der Glücklichere war. Erschien ihm der mühselige Zivilisationsprozess seit dem Ende der letzten Eiszeit wie der böse Traum Adams und Evas, die aus dem Paradies vertrieben worden waren. Die Moskitos erinnerten den Prediger daran, dass er nicht im Paradies gelandet war. Die Malaria erwischt Prediger und Atheisten.

In der Mark Brandenburg gibt es keine Malaria und eine Mehrheit von Atheisten, die nicht an Wunder glauben. Das ist deshalb kein Wunder, weil bereits Preußens Friedrich II. ein Agnostiker war. Dann kamen Kant, der Kapitalismus, der Kommunismus und das Fernsehzeitalter, bis die Kinder nicht mehr wussten, wer der tote Mann am Kreuz in den Kirchen war. Den Kindern ging deshalb nichts ab, und insofern glichen sie den vergnügten Indianern mit ihrer merkwürdigen Sprache ohne religionstaugliche Vokabeln.

Ein Kulturtheoretiker aus Berlin fand das eher befremdlich. Er spazierte durch die Mark Brandenburg und sah, dass die Leute Souvenirs liebten. Jede Wohnung ein kleines Museum, nicht nur in der Mark Brandenburg. Das ließ mit ein wenig Phantasie an Devotionalien oder Reliquien denken, die früher einmal gesammelt wurden, und damit war der Kulturtheoretiker auf die alte Religion gestoßen.

Im imaginären Museum der Menschheit findet sich allerlei Kitsch, neben der Hochkultur. Die gottlosen Indianer haben Halsketten zur Abwehr der bösen Geister, und die gottlosen Kinder ihre Souvenirs zur Abwehr der Sinnlosigkeit. In beiden Fällen ist der Kitsch einfach da, weil er benötigt wird, obwohl man ihn nicht essen kann. Er ist allgegenwärtig, seit es Menschen gibt, und spottet jeder Beschreibung. Was er bedeutet, kann ungesagt bleiben. Er ist sichtbar, und wenn er um den Hals getragen wird, gilt er als Talisman, auch in der Mark Brandenburg. Das genügt, solang es zusätzlich einen Stöpsel gibt, der ins Ohr gesteckt wird, um Popmusik zu hören. Das Schlagzeug der Popmusik erinnert an die Trommeln im Urwald. So bleibt die Welt ein einziges Wunder.

Chichicastenango

Die Bezeichnungen der Heiligenfiguren in der Kirche von Chichicastenango (Guatemala, Provinz Quiché) habe ich vergessen. Erzählt wurde mir, dass die Statuen eine Funktion haben, nämlich Gebete zu erhören. Wenn eine von ihnen nachlässig ist, wird sie bestraft, indem sie gegen die Wand gedreht wird. Nützt auch das nichts, dann verschwindet sie und wird durch eine frische Kraft ersetzt.

Eine Theologie der Nachlässigkeit ist mir nicht bekannt. Gewöhnlich gehen die Außerirdischen (Heilige, Geister, Götter etc.) eher sparsam mit dem Wunderhorn um. Die Indios wissen das. Einige von ihnen standen vor der Kirche von Chichicastenango und schwangen abgeschnittene Konservendosen, aus denen Weihrauch dampfte, gleichsam als Mahnung an die höheren Instanzen, nicht nachlässig zu sein.

Die Schikanen der Regierungen gegen die indigene Bevölkerung Guatemalas wurden allerdings erst dann wirksam in Frage gestellt, als die Rede von den Menschenrechten unter den Indios zu zirkulieren begann, dank der Bemühungen von Rigoberta Menchú, für die sie 1991 den Friedensnobelpreis erhielt. Hilf dir selbst, dann hilft dir Gott. Im politischen Bereich passieren keine Wunder.

An der Macht

Oder doch? Vor tausend Jahren galten kirchlich gesalbte Könige in Frankreich und England als Heiler bestimmter Krankheiten, besonders der früher weitverbreiteten Skrofulose. Sie ist mittlerweile fast verschwunden, so wie die meisten Könige. Geblieben sind jene primitiven Inszenierungen, ohne die auch gegenwärtig kein Staat zu machen ist. Aufstehen, wenn das Staatsoberhaupt den Festsaal betritt. Klatschen, wenn die Ansprache zu Ende ist. Zwar klingt die Rede vom Staatsapparat recht modern, weil sie an Maschinen erinnert. Aber besetzt werden die höchsten Ämter wie eh und je durch Personen aus Fleisch und Blut, die eine Leibwache benötigen. Nach ihrem Tod werden sie in Ehrengräbern bestattet, wie im alten Ägypten. Sie wirken keine Wunder. Lediglich das ehrfürchtige Benehmen, mit dem ihnen begegnet wird, erinnert an die Umgangsformen mit Gott dem Allmächtigen.

In den schlechten alten Zeiten, als es weder ärztliche Hilfe noch Spitäler gab, wurde die Aufmerksamkeit der jenseitigen Mächte im Notfall durch Händeklatschen, Pfiffe, Lärmschlagen geweckt. Mittlerweile wird auch Dirigenten und Schauspielern applaudiert, was auf eine gewisse Lockerung der Sitten in den Ritualen der Ehrerbietung deutet.

Als lang und mühsam erwies sich die Beseitigung des Thronprivilegs der hohen Herrschaften und dessen Ersatz durch Sitzecken beziehungsweise Büromöbel für jedermann. Dann kam das Fernsehen und ließ Machtmenschen sofort alt aussehen, wenn sie nicht zu imponieren vermochten. Daher tauchte ab 1975 eine würdelose Spezies in der Wirtschaftspolitik auf, deren Alphatiere sich hüteten, ihre Nasen vor eine Kamera zu halten, sensationelle Spitzengehälter bezogen und ständig in Angst vor dem Absturz in die Bedeutungslosigkeit lebten. Diese sogenannten Global Players hatten offensichtlich keine Antwort auf die alte Frage, wie Machterhalt auf Dauer zu stellen sei. Im Stress ihrer vollen Terminkalender hatten sie das Vertrauen in die unsichtbare Hand des Marktes und damit auf Gott verloren.

Daraus folgt, dass Machtmenschen an irgendetwas Höheres glauben müssen, wenn sie überleben wollen. Das Höhere überragt und heiligt sie. Es ist, wie es ist, weder freundlich noch unfreundlich, durch nichts zu erschüttern. Zu ihm muss aufgeblickt werden, immer unter Wahrung gebührender Distanz, nicht in der Weise von Kindern im Arm der Mutter. Der fiktive Thron, auf dem das Höhere Platz nehmen soll, bleibt leer. Das Höhere schaltet und waltet, nach einem Plan, den niemand ganz durchschaut. Für Wunder ist in dem Plan kein Platz. Sie passieren außerhalb der höheren Orts vorgesehenen Ordnung der Dinge *(praeter ordinem rerum)*, wie bereits der heilige Thomas von Aquin erkannte. So betrachtet, also vom Machtpol aus, erweisen sich Wunder als nebensächliche Bemerkungen in einem ansonst grandiosen Stück.

Dem berühmten Schauspieler Raoul Aslan am Wiener Burgtheater wird nachgesagt, er hätte im Alter seine Rollen nicht mehr beherrscht. Als sich einmal der Vorhang hob und die Souffleuse mit dem Einsagen begann, habe Aslan sie angezischt: Keine Details! Welches Stück?

Wenn die Global Players vergessen haben, in welchem Stück sie auftreten, wäre es an der Zeit für Neubesetzungen.

Sollte das passieren, käme es deswegen einem Wunder gleich, weil alle überrascht wären – die Veränderer, die Bewahrer und die Beobachter.

Selbstverständlich gibt es auch unangenehme Überraschungen, in Form von Niederlagen, Enttäuschungen, Katastrophenmeldungen. Ihnen fehlt jener Freudenstoff, aus dem die Wunder geschneidert sind. Umso lieber feiern die Juden alljährlich die Nacht des Aufbruchs aus dem Land der Knechtschaft und die Franzosen den Tag des Sturms auf die Bastille zur Erinnerung an politische Wunder. In Frankreich freilich verzichtete Napoleon zeitlebens auf fromme Sprüche. Um Revolutionen wunderbar zu finden, bedarf es nicht immer der höheren Weihen.

Gospa!

Kardinal Schönborn hat Medjugorje in guter Erinnerung. Er besuchte Anfang 2010 den katholischen Wallfahrtsort in der Republik Bosnien-Herzegowina und fand freundliche Worte für die vielen betenden Pilger. Der zuständige Bischof empfand das als Affront, Schönborn entschuldigte sich, Radio Vatikan erinnerte daran, dass bislang keinerlei offizielle Anerkennung der Marienerscheinungen von Medjugorje erfolgt sei. Mit einer Million jährlich anreisender Gäste bleibt die kleine Gemeinde gleichwohl ein Hit im Balkan-Tourismus und ein Hauptort im Atlas für Gnadenplätze.

Frage: Macht es dir Freude, dass dir die Mutter Gottes erscheint?

Antwort: Oh, das ist eine unbeschreibliche Freude.

Frage: Wann hast du die Mutter Gottes gesehen?

Antwort: Am 24. Juni 1981.

Frage: Hast du jemals das Verlangen gespürt, die Mutter Gottes zu sehen?

Antwort: Ich hätte es mir nicht träumen lassen.

Frage: Wie hat die Mutter Gottes ausgesehen?

Antwort: Sie trägt ein graues Kleid, einen weißen Schleier und die Sternenkrone, sie hat blaue Augen und schwarze Haare.

Frage: Wo hast du die Mutter Gottes gesehen?

Antwort: Auf dem Hügel von Crnica.

Frage: Hast du die Mutter Gottes berührt?

Antwort: Ja, ich habe ihr Kleid berührt. Es fühlt sich hart an, wie Metall.

Frage: In welcher Sprache spricht die Mutter Gottes?

Antwort: Kroatisch.

Frage: Wirkt die Mutter Gottes Wunder?

Antwort: Ja.

Befragt wurden sechs Jugendliche von zwei Theologieprofessoren im Dezember 1982. Im Kroatischen heißt die Mutter Gottes *gospa,* nach der herkömmlichen Form der Anrede für weibliche Respektspersonen. Erstmals gesichtet war die Gospa von Ivanka Ivanković (geb. 1966) worden, die mit einer Freundin einen Nachmittagsspaziergang machte. Die beiden Mädchen liefen erschrocken nach Hause, wurden ausgelacht und kehrten trotzdem in Begleitung einiger Altersgenossen an den Ort des Geschehens zurück, wo die Gospa bereits wartete. Sie kam, sichtbar nur für Ivanka und fünf weitere Jugendliche, in der Folge täglich gegen Abend für ein paar Minuten, zuerst im Freien, dann in einem Nebenraum der Pfarrkirche von Medjugorje, und sagte: *mir, mir, mir.* Friede!

Wer bis hierher gelesen hat, wird vielleicht über die Bemerkung gestolpert sein, das Kleid der Gospa habe sich hart wie Metall angefühlt. Kein Kommentar. Medizinisch dokumentiert sind lediglich etliche Tests, die von Fachärzten der Universität Montpellier im Jahr 1984 während einiger Erscheinungen der Gospa durchgeführt wurden, an Ivanka und weiteren Probanden aus dem Team der Hellsichtigen. Auch die Polizei zeigte sich interessiert und lud sofort nach Beginn des Zulaufs der Bevölkerung auf den Hügel der Erscheinungen die Schützlinge der Gospa in die psychiatrische Klinik von Mostar vor, wo keinerlei Auffälligkeit festgestellt wurde. Die Franzosen aus Montpellier reisten mit zwei Elektroenzephalographen und mit Videokameras an, mit Geräten zur Messung der Augenbewegungen, der Hörfunktionen, der Kehlkopfmuskeln. Auf den Videos ist Ivanka zu sehen, vollgestöpselt mit Elektroden auf ihrem Kopf, die Augen auf die Gospa gerichtet. Ihr Kommentar nach dem Ende der Tests: Sind wir Versuchskaninchen?

Der einfachste Test: Während der Erscheinung wird ein Karton vor die Augen der Probanden gehalten. Keine Reaktion.

Unsere Tests, schrieben die Mediziner aus Montpellier, vermochten keinen wissenschaftlichen Beweis dafür zu erbringen, dass in Medjugorje die Gottesmutter erscheint. Bei den Probanden waren Halluzination, Hysterie, Neurose, Katalepsie und sonstige pathologische Zustände auszuschließen. Der Test mit dem Schirm vor den Augen zeigte, dass der normale Visus nicht stattfand. Was von den Probanden wahrgenommen wird und wie, entzieht sich unserer Kenntnis.

Eine gewisse Noblesse ist den französischen Medizinern nicht abzusprechen. Sie hätten auch schreiben können: Wir kennen uns nicht aus.

Anders die Werktätigen im damals noch kommunistischen Jugoslawien, ein Jahr nach dem Tod Titos. Sie konnten die Gospa zwar nicht sehen, aber in ihrer Nähe wollten sie sein. Wenige Tage nach der ersten Erscheinung zählte die Polizei 15 000 Besucher auf dem Hügel oberhalb von Medjugorje, und alle baten wegen der Hitze um Wasser. Am 13. Juli 1981 wurde der Hügel polizeilich gesperrt, die Gospa sah sich gezwungen, heimlich in Bauernhäusern zu erscheinen, bis sie ab Januar 1985 in dem kleinen Nebenraum der Pfarrkirche aktiv werden durfte, wo später die Tests der französischen Mediziner stattfanden. Am 17. August 1981 wurde der Ortspfarrer wegen subversiver Reden verhaftet und zu dreieinhalb Jahren Gefängnis verurteilt. Die Behörden waren nervös, weil die Kroaten, die Serben und die Bosniaken nicht immer so friedlich miteinander umgehen, wie die Gospa es sich wünscht. Am 21. Juni 1941 hatten kroatische Freischärler 559 serbische Zivilisten im Nachbarort Šurmanci massakriert. Das serbische Kloster Žitomislići in der Nähe war damals geplündert und in Brand gesteckt worden. Die Behörden zögerten bis 1989, die Leichen des Massakers exhumieren zu lassen, die unter einer Betonplatte lagen.

Die Völker Jugoslawiens haben ein gutes Gedächtnis. Sie machten das Land zum Kriegsschauplatz, von 1991 bis 1999. 1992 wurde das Kloster Žitomislići vollkommen zerstört, im Zuge von Feindseligkeiten der Kroaten gegen die Serben.

Die Gospa erschien weiter. Ihre Botschaften, die regelmäßig von der Zeitschrift »medjugorje aktuell« veröffentlicht werden, zeigen keinerlei Interesse am politischen Tagesgeschehen. Das gilt auch für die Jugendlichen, die zu den jährlichen Festivals nach Medjugorje kommen, mit kostengünstigen Tickets. Betet, betet, betet, lässt ihnen die Gospa ausrichten. Ivanka ist mittlerweile als Dolmetscherin ausgeschieden, aber Ivan Dragicević (geb. 1965), von Anfang an mit von der Partie, ist noch auf Sendung. Er hat eine Amerikanerin geheiratet und tourt im Winter durch die USA, für die Gospa. Kardinal Schönborn hat angedeutet, dass die Erscheinungen der Gospa mittlerweile nur noch eine untergeordnete Rolle spielen.

Frage: Wie lange wird euch die Mutter Gottes erscheinen?

Antwort: Wir wissen es nicht.

Frage: Wie hat die Mutter Gottes sich selbst bezeichnet?

Antwort: Als die selige Jungfrau Maria.

Frage: Was sagt die Mutter Gottes am Anfang ihrer Erscheinung?

Antwort: Gelobt sei Jesus Christus.

Frage: Wie beginnen die Erscheinungen?

Antwort: Mit einem Lichtblitz.

Die Entladungen der Gospa waren gelegentlich auch für Werktätige sichtbar, besonders in den ersten Monaten der allgemeinen Aufregung. Von mehreren Personen gesichtet wurde zum Beispiel ein trichterförmiger Lichtkegel mit der Gospa, der sich eine Stunde lang vom Erscheinungshügel in Richtung Pfarrkirche bewegte, an einem wolkenlosen Abend im September 1981.

Im Oktober beschäftigten die Vorgänge in Medjugorje bereits die obersten Parteigremien der Volksrepublik Jugoslawien. Das Blatt »Večernje novosti« zitierte das Politbüro mit der Weisung, den Klerikalismus an Ort und Stelle zu bekämpfen. Die ohnehin garantierte Religionsfreiheit sei nicht mit den reaktionären Machenschaften kirchlicher Kreise zu verwechseln, die ein sogenanntes Wunder inszenierten, um den faschistischen Terror vor vierzig Jahren mit anderen Mitteln fortzusetzen.

Das war im Hinblick auf die Opfer des Massakers vom Juni 1941 im Nachbarort von Medjugorje gesagt, in der Tradition einer Mentalität, die nie vergessen darf. Die Gospa ließ sich vom Politbüro nicht beeindrucken. Sie blieb im Zentrum des Geschehens, nicht zuletzt wegen ihres Rufs, über bemerkenswerte Heilkräfte zu verfügen. Weitergegeben von Mund zu Mund, ohne auf bischöfliches Zunicken oder wissenschaftliche Gutachten zu warten und nicht ganz ohne die in Massenmedien verbreitete Neigung zu Übertreibungen. Die an den Präsidenten des Ärztebüros in Lourdes zur Prüfung geschickte Liste wunderbarer Heilungen zählte drei Augenleiden, fünf Ohrenleiden, zwei rheumatische Erkrankungen, fünf Gehirnschläge, einen Herzschlag, zwei Krampfaderleiden, vier Tumorerkrankungen und ein Nierenleiden auf. Jozo Vasilj (geb. 1896) zum Beispiel gab zu Protokoll, er sei nach einem Schlaganfall erblindet und habe gebeten, ihm Strohblumen und Gras vom Erscheinungshügel Crnica zu bringen und unter sein Kopfpolster zu legen. Am nächsten Morgen, nach einer Waschung mit dem in Wasser gelegten Grünzeug und dem Beten des Glaubensbekenntnisses, sei sein Augenlicht zurückgekehrt.

Magie? Die heilkräftige Rezeptur, bestehend aus Hausmitteln und Gebeten, ist so alt wie die Verehrung einer Frauengottheit rund um das Mittelmeer seit Tausenden von Jahren, vor der Erfindung der Schrift, des Münzgeldes, der Philosophie, des Eingottglaubens, des Ichbewusstseins. O Isis. Der Venus wurde eine gewisse Nähe zum Abendstern nachgesagt, den auch die Gospa bevorzugt, wenn sie beim letzten Licht des Tages erscheint.

Die ausschließliche Positionierung der Gospa in der Jetztzeit stellt sich somit als untauglich heraus. Zu Hause fühlt sich die Gospa im Kontinuum der bäuerlichen Lebenswelt, mit Ziegen und Schafen im Hintergrund. Ihr Rollenbild ist das der jungen Frau, die noch keinen Mann gehabt hat, ohne das Martialische der Pallas Athena oder das Erotische der Aphrodite. Besonders lebhaft hat sie sich seit 150 Jahren im katholischen Europa bemerkbar gemacht, in hunderten Verkörperungen, wie ein Wink in Richtung Frauenbewegung. Warum sie es vorzieht, in der Luft zu schweben, hat sie bislang nicht verraten.

Bi Jan Lu

In der Madonnengeographie steht Italien mit mindestens 80 Marienerscheinungen an der Spitze, gefolgt von Frankreich mit 30 einschlägigen Vorkommnissen, während die Gottesmutter bislang nur einmal in China gesichtet wurde. Das mag damit zusammenhängen, dass der Baske Francisco de Javier (gest. 1552), einer der ersten Jesuiten, als Missionar zwar in Indien, auf den Molukken und in Japan erfolgreich wirkte, aber die Einreise ins Reich der Mitte nicht schaffte. Kam er zu spät?

Tausend Jahre früher war Bodhidharma, der erste Patriarch der Zen-Schulen, aus Indien nach China gereist. Sein legendäres Gespräch mit Kaiser Wu ist im »Bi Jan Lu« nachzulesen, den Aufzeichnungen des Durchaus Erleuchteten Meisters von der Smaragdfarbenen Felswand.

Kaiser: Was ist das höchste Prinzip der Weisheit?

Bodhidharma: Vollkommen alltäglich.

Hernach habe Bodhidharma auf einem Schilfhalm den Jangtse überquert, was in berühmten Bildern dokumentiert ist, und neun Jahre lang in einer Höhle beim Schau-Lin-Kloster mit dem Gesicht zur Wand den inneren Monolog verlernt.

Mit der Neun lassen sich die acht Himmelsrichtungen angeben, wenn die Mitte dazugezählt wird.

Bodhidharma mag als Eigenname einer historischen Persönlichkeit aufgefasst werden, bezeichnet aber auch ein Programm: *Dharma* kann aus dem Sanskrit als Begriff für richtige, im Einklang mit der Weltordnung befindliche Lebensführung übersetzt werden. *Bodhi* (japanisch: *satori*) tauchte mit dem Buddha in Indien auf, weil der Durchaus Erwachte unter einem Pappelfeigenbaum in der Ortschaft Bodh Gaya zur Wissensklarheit gelangt war, und wird mit Erleuchtung übersetzt.

Als Bodhidharma um 520 n. Chr. herum in China eintraf, standen dort bereits buddhistische Klöster mit Platz für 20 000 Mönche. Klösterlich inspiriert waren denn auch die Verse eines Gedichts, die als Anspielung im Titel des »Bi Jan Lu« Eingang fanden: Die Affen sind, ihre Jungen im Arm, hinter den grünenden Hügeln schlafen gegangen. Die Vögel gleiten, Blumen im Schnabel, von der smaragdenen Felswand.

Lyrik und Kampfkunst, wie sie im Schau-Lin-Kloster entstand, sind im Zen keine Gegensätze, sondern eher Lebensrichtungen, die von einer Mitte ausgehen, die unbeschreiblich bleibt, sich nicht erzwingen lässt und als beglückendes Wunder erlebt wird, wenn der Mensch in Sekundenbruchteilen seine Belanglosigkeit erkennt, aufgehoben in einem überpersönlichen Zusammenhang.

Wenn zwei Erleuchtete aneinandergeraten, bedarf es weniger Worte, wie in der 24. Anekdote des »Bi Jan Lu«: Die Nonne Liu besuchte den Meister We-schan, der sie mit den Worten begrüßte: Du alte Kuh bist also zu mir gekommen. Demnächst wird auf dem Tai-schan das große Fest begangen, erwiderte Liu. Da wird der Ehrwürdige doch wohl hingehen? We-schan legte sich zu Bett, und die Nonne ging nach Hause.

Die Pointe liegt in der Entfernung von 1200 km zwischen dem Ort der Visite und dem Ort des Festes. Kommentiert wird der Vorfall erstaunlich heiter, mit Verzicht auf Festlegungen. Aus der Stichelei der Nonne wird ein Pfeil, der getroffen hat. Der Meister zeigt sich gleichgültig und hat damit den Test bestanden.

Der Sinologe Ernst Schwarz (1916–2003), mit dem ich befreundet war, fasste das Zen als eher respektlosen Verein auf, auch in puncto Religion, also ohne Sympathien für Bonzen, Riten, Tempel und die damit einhergehenden höheren Wesen. So betrachtet lässt sich die zitierte Anekdote mit einigem Gewinn als dadaistische Spielerei lesen, die sich über das Gepränge der höchsten Jahresfeierlichkeit im damaligen China lustig macht.

Seine marxistische Haltung hatte Schwarz bereits aus Wien mitgebracht, als er 1938 wegen seiner jüdischen Herkunft nach Schanghai emigrierte. Seit damals war es für ihn ratsam, keinen allzu langen Schatten zu werfen. Mir erzählte er, wie er während unruhiger Zeiten unter den Mönchen eines Zen-Klosters lebte und in seiner Zelle die Schreie der Gefolterten aus dem nahen Gefängnis mitbekam. Mit der prinzipiellen Gottlosigkeit des Zen hatte er jedenfalls keinerlei Schwierigkeiten, im Unterschied zu dem Jesuiten Hugo Lassalle (1898 bis 1990), der sich als Japan-Missionar im Jahr 1943 erstmals im Stillsitzen übte. Von japanischer Seite erhielt er 1980 die Vollmacht, Zen zu lehren, was er auch eifrig tat, vornehmlich in Europa, nicht immer zur Freude seiner Oberen. Die Nachfolge Christi, seines einzigen Freundes, wie Lassalle ihn in seinem Tagebuch nannte, ließ sich vom Zen allerdings nicht annullieren.

Und dann? Dann verringerte sich die Zahl der Jesuiten weltweit auf die Hälfte. Auch die altgedienten Zenmeister Japans wurden weniger, während die chinesischen Marxisten zu Kapitalisten mutierten. Was dahinschwindet, schrumpft; was hervorkommt, streckt sich, heißt es im I-ching, dem Buch der Wandlungen. Schrumpfen und Strecken wirken aufeinander, und so entsteht Nutzbringendes. In den Geist der Dinge eindringen und ihre Wandlungen erkennen bringt die Kräfte der Seele zu höchster Wirksamkeit.

Wie seltsam die Menschen sind. Sie verlangen nach Wundern, weil sie nicht wissen, was wahre Liebe ist und was sie vermag. Wahre Liebe ist das natürlichste aller Wunder. Wer darüber hinaus nach Wundern sucht, landet in der Verwirrung. So sprach Bodhidharma, während er den Jangtse auf einem Schilfhalm überquerte.

Auf dem Komplex des Schau-Lin-Klosters, wo Bodhidharma wirkte, wurde in den letzten Jahren vom Abt ein Tourismusbüro geöffnet, wegen des zunehmenden Interesses für die Kampfkünste der Mönche seit der Fernsehserie »Kung Fu«. Die Schau-Lin-Akrobatik, zu sehen in Auftritten rund um die Welt, hat sich in einen Zirkus verwandelt.

Seltene Erleuchtungen

Im Dom von Syracus sagte mir der Reiseführer eher beiläufig: Hier hat Platon gebetet.

So vielleicht: Göttlicher Eros, gewähre. Möge ich empfänglich bleiben für alles Schöne, dass ich mich seiner würdig erweise, es in mir wachsen lasse und auch in anderen Menschen wach erhalte.

Der Dom von Syracus wurde an der Stelle des antiken Tempels der Athena errichtet, mit Verwendung der alten Säulen. Dass Platon in Syracus weilte, steht fest. Der um zwanzig Jahre jüngere Mann, in den er sich dort verliebte, hat einen Namen, und auch seine spätere Ermordung ist verbürgt. Der platonische Eros mag als Himmelsmacht aufgefasst werden, allerdings mit einem wohlgeratenen Körper in seinen besten Jahren.

Als platonisch inspiriert, also ohne Hinneigung zu den Mühseligen und Beladenen, gilt auch der weise Plotin, sechs Jahrhunderte später. Er war aus der Levante nach Rom emigriert, wo er vermögende Gönner fand. Was ihm wichtig war, verriet er am ehesten im Freundeskreis und verbat sich jede Publikation zu seinen Lebzeiten. Die Veröffentlichung wurde von dem fachkundigen Syrer Porphyrius besorgt, der fünf Jahre lang zugehört hatte.

Zum Beispiel: Immer wieder, wenn ich aufwache in mich selbst aus dem Leib, lasse ich alles andere hinter mir und trete ein in mein Selbst; erblicke eine wunderbar gewaltige Schönheit und vertraue in solchen Augenblicken, zum höheren Bereich zu gehören, vereint mit dem Göttlichen.

Unter das Volk kam derlei Prosa nie, nicht in den Predigten des Augustinus, der Plotin gelesen hatte, auch nicht in der platonischen Akademie zu Florenz unter Lorenzo di Medici.

Aufwachen am helllichten Tag, beim Zähneputzen?

Wenn überhaupt, dann glücken die seltenen Erleuchtungen vollkommener Wunschlosigkeit eher nach Dispens vom gewöhnlichen Erwerbsleben, ob platonisch oder buddhistisch oder sonstwie programmiert, vorzugsweise unter jenen Randexistenzen, deren einziger Luxus ihre Inspirationen sind. Sollten sie kommen, ist das ein reines Wunder.

Kinderfragen

Stephen W. Hawking, der 1988 mit seinem Weltbestseller »Eine kurze Geschichte der Zeit« berühmt wurde, diskutierte bereits als Zwölfjähriger mit seinen Schulfreunden die Frage, wie das Universum entstanden sein könnte und ob Gott zu seiner Erschaffung notwendig gewesen sei. Die Schöpfungsgeschichten der Bibel hatte er bereits gelesen und festgestellt, dass ihre Sätze immerzu mit einem »Und« beginnen, was in Schulaufsätzen streng verboten war. Der Gedanke an ein Weltall von ewiger Dauer beruhigte ihn, aber die Frage, warum das Universum sich die Mühe macht zu existieren, blieb für ihn offen, auch 40 Jahre später, als Hawking dem britischen Rundfunk ein langes Interview gab.

Nicht einmal die Urknalltheorie ist für Hawking ein Dogma, obwohl sie von der Mehrzahl der Astrophysiker vertreten wird. Sie weiß keine Antwort auf die Kinderfrage, was der liebe Gott gemacht hat, bevor er das Universum explodieren ließ. Aristoteles war diesbezüglich konsequenter. Weil er nicht wissen konnte, dass die Erde um die Sonne kreist und nicht umgekehrt, betrachtete er die Sonne, den Mond und den gesamten Himmel mit seinen Planeten und Fixsternen als ungewordenes und unvergängliches »Pantheon« von Gottheiten, regiert von einem Erstbewegenden, das selbst unbewegt blieb. Das war fromm gedacht, ohne das schlussfolgernde Denken zu beleidigen. Selbst Thomas von Aquin, 1600 Jahre später und auf der Höhe der christlichen Theologie, vermochte die aristotelische Kosmologie nicht zu widerlegen, obwohl sie dem Schöpfungsglauben zuwiderlief.

Mittlerweile sind Theologen und Philosophen zu Sonntagsrednern geworden, während die Physiker an ihren Teilchenbeschleunigern arbeiten, mit sehr viel Geld ausgestattet. Dabei ist es noch nie gelungen, den Zerfall eines Protons mitsamt den es umkreisenden Elektronen zu beobachten – was für die Ewigkeit der Materie spricht. Bekanntlich können die Protonen nicht reden, um das Lob Gottes zu verkünden. Dazu sind wir Menschen auf der Welt.

Nüchtern fiel die Würdigung des Weltenvaters durch Albert Einstein aus: Der liebe Gott würfelt nicht.

Hundert Jahre später sah die Sache anders aus, zumindest für Stephen Hawking, der meinte: Alles spricht dafür, dass Gott ein unverbesserlicher Spieler ist und bei jeder Gelegenheit würfelt.

So ganz neu war dieser Gedanke nicht. Der gesamte Kosmos sei als göttliche Spielerei aufzufassen, versicherte der Kirchenschriftsteller und Bischof Theodoretos von Kyros (gest. um 460 n. Chr.), dessen Schriften unter den syrischen Mönchen kursierten. Noch älter sind die Vorstellungen von würfelnden Gottheiten in Indien, als Erklärungsmuster für zufallsbestimmtes Dasein.

Und was sagen die Kinder dazu? Ein unberechenbarer Gott im Religionsunterricht könnte ihnen zwar nicht das Beten beibringen, aber sie wenigstens zum Denken anregen.

Kraftquellen

Auf einem 700 Jahre alten Bauernhof in Tirol empfängt ein rüstiger Endsechziger seine Gäste, die von ihm »gewendet« werden möchten, wie man dort sagt. Myome und Zysten, chronische Kopfschmerzen verschwinden, auch Neurodermitis ist kein Problem, sogar Krebs oder Knochenverletzungen lassen sich behandeln. Gearbeitet wird mit Rosenkränzen, einem Pendel und Anleitungen zum Verrichten von bestimmten Gebeten, die sich am Religionsbekenntnis der Hilfesuchenden orientieren, wobei auch Atheisten nicht ausgeschlossen sind. Die Philosophie: Jeder Glaube macht selig. Arzneien gibt es nur in der Apotheke, und selbstverständlich soll der zugelassene Arzt entscheiden, ob operiert werden muss. Freiwillige Spenden bleiben dem Taktgefühl der Kundschaft überlassen, die gar nicht selten aus dem Ausland angereist kommt. An Donnerstagen und Sonntagen finden sich im Schnitt hundert Patienten ein.

In der Vergangenheit des Gesundbeters erschien eine alte Frau aus Slowenien, die sein Leben verändert hat. Er habe sie beim Besuch seiner kranken Mutter im Spital kennengelernt, wo sie ebenfalls lag und ihn aufforderte, ihr die Schmerzen zu nehmen, was sofort wirkte. Als Heilerin hatte sie seine Berufung erkannt, ihm eine Menge Rosenkränze geschenkt, Rezepte für die Bereitung von Salben verraten und ihm nahegelegt, die ihm verliehenen Kräfte zu nutzen. Drei Jahre nach ihrem

Tod habe er sich krank gefühlt, schlecht geschlafen und dabei wiederum an die Slowenin und ihren Auftrag gedacht, den er vergessen hatte. Erste Versuche mit der Stillung von Blutungen in seiner Umgebung seien erfolgreich verlaufen, mit Hilfe der Rosenkränze. Wie er selber bete, verrate er nicht. Die Kraft komme »direkt« von Gott, daran sei nicht zu zweifeln.

Das Forschungsprojekt, in dem der Mann zu Papier gebracht wurde, befasste sich von 1996 bis 1998 mit 31 männlichen bzw. weiblichen »Geistheilern« und deren Klienten in Österreich, wo derlei Praktiken als Kurpfuscherei gelten. Gleichwohl wurde die Studie von der öffentlichen Hand finanziert. In vormodernen Sinngebungen, so das Fazit, sind Wunder möglich; die Moderne dagegen, naturwissenschaftlich orientiert, lässt lediglich Zufälle zu, wie im Lotto.

Für den Gesundbeter in Tirol hat dieser Gegensatz offenbar kaum Bedeutung. Vor seiner Karriere als »Wender« hat er geschneidert, gekocht, gekellnert, gemetzgert, in einem Hotel, in einem Nachtlokal und auch als Bäcker gearbeitet – nicht als Schamane in Sibirien oder als Wahrsager in Ghana.

Als sicher darf gelten, dass die Art der Befähigung des Gesundbeters älter ist als die Pyramiden und dass sie noch immer zu finden ist. Im ländlichen Ungarn etwa wissen manche Großmütter, dass ein kraftbegabtes Kind *(táltos)* mit komplettem Gebiss auf die Welt kommt. Tibetischen Lamas sind die Kriterien bekannt, die bei der umständlichen Suche nach einem geeigneten Kind für die Nachfolge im Amt des Hochpriesters beachtet werden müssen. Und in Megastädten (São Paulo, Delhi, Kairo) koexistieren archaische Mentalitäten mit heutigen Kompetenzen in den Köpfen der Leute und produzieren die verrücktesten Mischungen, zur Verzweiflung der Religionsbehörden. Klare Verhältnisse herrschen allenfalls in der Glaubenskongregation des Vatikans.

Nicht einmal die Grenze zwischen Schulmedizin und Wunderkur ist sehr scharf bewacht. Homöopathie oder Bioresonanz dürfen passieren, Bachblütentherapie, autogenes Training, Hypnose, Akupunktur werden durchgewinkt. Immer wieder werde er von Tierärzten aus der Umgebung angerufen, sogar spät nachts, um aus der Ferne eine innere Blutung zu stillen, erzählt der Gebetsheiler aus Tirol. Beten sei rezeptfrei.

Ob in Trance oder nicht, mit Trommelbegleitung oder ohne – die Geistheiler erleben ihr Wirken allemal im Einklang mit Zusammenhängen, die sie überdauern und deren Takt sich auf sie überträgt, im richtigen Augenblick. Von hundertprozentiger Verlässlichkeit kann dabei keine Rede sein. Wenn Böses ins Spiel kommt, heißt es auf der Hut bleiben, wie der Tiroler Gesundbeter erfuhr, als zwei ungute Typen aus Niederösterreich in seine Stube kamen. Ich konnte auf einmal nicht mehr aufstehen, mir haben die Augen gebrannt. Fort mit ihnen.

Gegen den Gevatter Tod, wie er in Grimms Märchen genannt wird, ist kein Kraut gewachsen. Das wissen Schamanen und Studierte, wobei der Exitus für wissenschaftsgläubige Fachmenschen stets eine Blamage darstellt, während in der verzauberten Welt kein Mangel an aufmunternden Ressourcen herrscht. Er habe Patienten behandelt, so der Gebetsheiler mit den Rosenkränzen, die am ganzen Körper Krebs hatten, kein Morphium brauchten und friedlich eingeschlafen seien.

Den stärksten Andrang erlebt der Tiroler während der drei letzten Tage vor Ostern, dann klopfen zweitausend Leute an seine Tür. Wenn er jemanden in der Karwoche nicht umwenden kann, sei der Sensenmann angesagt.

Indianisch kodierte Ressourcen für den Ernstfall hat die bereits erwähnte Kulturanthropologin Felicitas Goodman während eines Ausnahmezustands erfahren, in Begleitung der ihr nahestehenden Geistwesen aus dem Tierreich. Ich war gestorben, schreibt Goodman, schlaff sank mein abgetragenes Körpergewand auf den rostbraunen Sand, und dennoch war alles wie zuvor. Ich betrachtete mich selbst, da war ich eine Gerippe, aber dann wuchsen mir Krallen und Beine und ein langer Schwanz. Ich wusste, dass ich nun ein Berglöwe war. Nach einer Reihe weiterer Verwandlungen, die wie im Film ablaufen, ist die Verstorbene schlussendlich zu einem »Kraftbündel« geworden, fast wie in der Quantenphysik.

Ihren Kontakt zu indianischen Energiefeldern hatte Goodman erst nach ihrer Emeritierung als Professorin an der Denison State University (Ohio) gefunden, im Alter von 65 Jahren. Der christliche Gott ihrer Kindheit in Siebenbürgen war längst zu einer blassen Erinnerung geworden. Während einer Wanderung im Nationalpark Bandelier (New Mexico) fühlte sie sich von einer Art

Blitz getroffen, den sie später als Initiation bezeichnete. Ihre Methode, in Trance durch grenzenlose Weiten zu fliegen, sprach sich herum und wurde in hunderten Seminaren durchprobiert. Dabei meldeten sich höchst lebhafte Besuche aus der »Anderen Wirklichkeit«, wie Goodman ihr Bezugssystem nannte – bissige Bären, zutrauliche Wölfe, die Jungfrau von Orléans. Als hilfreich während der Übungen erwiesen sich bestimmte Körperhaltungen. Goodman hatte sie in Form von tönernen Figurinen aus völkerkundlichen Museen kennen- und interpretieren gelernt, auch auf eiszeitlichen Felsmalereien. Während ihrer Seminare protokollierte Goodman die Erlebnisse von Frauen (in der Mehrzahl) und Männern, deren Berufsleben in einer Bank oder im Staatsdienst keinerlei Ekstasen zuließ. Auch im Krankheitsfall (Depressionen, Angstneurosen, Ausschläge) erwiesen sich die Ausflüge ins Geisterreich als hilfreich. Mein Geld, schrieb eine Probandin, verdiene ich im Big Business von Corporate America. Die Trance-Arbeit hilft mir, mich zu zentrieren, auszubalancieren, Grund unter den Füßen zu behalten. Ich muss mich gelegentlich entschleunigen.

Hauptsache, es funktioniert. Zurzeit sagt die Hälfte der Menschheit Gott, wie der Gesundbeter aus Tirol, wenn es um Hilfeleistungen aus dem Bereich des Unbeschreiblichen geht. Laut Religionsstatistik sind das die Juden, die Christen und die Muslime. In die andere Hälfte kommen Hindus, Buddhisten, Atheisten und Sonstige wie Felicitas Goodman. Die Sonstigen sind für die Statistik ein Problem, zum Beispiel die Chinesen. Ab und zu zünden sie im nächsten Tempel billige Räucherstäbchen an und kaufen zum Frühlingsfest ein paar rote Holzplättchen, die Glück bringen sollen. Ob die Chinesen religiös sind, weiß nur der zuständige Minister, und der hält lieber den Mund.

Grauzonen überall punkto Religion. In Österreich gehen die katholisch Gemachten eher selten in eine Kirche hinein, oder sie gehen öfter in die Kirche und außerdem in einen Jogaverein. Zum Gesundbeter in Tirol gehen sie, auch wenn sie sich das Beten abgewöhnt haben. Es kann vorkommen, dass ein konfessionsloser Vermögensberater in Wien durchaus an etwas Höheres glaubt und im Krankheitsfall der Reihe nach zuerst zum Arzt, dann zum chinesischen Akupunkteur wandert und schließlich die Heilung seiner Beschwerden (Fieberschübe, Darmbeschwerden, Magenbrennen, Muskelschmerzen, Albträume, Hepatitis) nach zwei Sitzungen mit einem Heilpraktiker findet, der als Schamane gilt. Zur Entgiftung der Leber wird Mariendistelextrakt geschluckt.

Probieren geht über Studieren. Nach der Quintessenz für die ultimative Kräftigung der Person wurde von den Alchemisten intensiv gesucht, unter anderem im Prag Rudolfs II. von Habsburg, leider vergeblich. Ein Tropfen dieser Wundertinktur auf einem Stück Zucker für alle Patienten auf Erden hätte sämtliche Spitäler überflüssig gemacht. Schade.

Zurück an den Start

Nein, lammfromm waren sie alle miteinander nicht, die beispielgebenden Männer der sogenannten Achsenzeit (Gautama, Buddha, Platon, die jüdischen Propheten, Jesus, Mohammed). Der Buddha hatte die Brahmanen kritisiert, Platon die Göttergeschichten, Jesus den Tempelbetrieb, Mohammed das Gebetsleben in Mekka. Die Wunderseligkeit der Völker und ihrer Pädagogen umnebelte die Vorbilder mit Weihrauch, sie kanonisierten und kommentierten deren Botschaften so lange, bis die Glut unter der Asche immer schwächer wurde und danach verlangte, neu angeblasen zu werden, unter dem Motto: Nachahmung, nicht Verehrung.

Wer Nachahmung des Unnachahmlichen will, verlangt Unmögliches. Billiger kommt die Verehrung von edlen Vorbildern, weil sie nichts kostet. Franz von Assisi wollte Jesus nachahmen, wurde stigmatisiert und anschließend zur Verehrung freigegeben. Die Folge war eine Inflation von Stigmatisierungen, bis hin zum Padre Pio, im Schnitt eine Stigmatisierung pro Jahr.

Der erste Mathematiker mit einem Vorschlag zur Berechnung der optimalen Wunderquote hieß Gottfried Wilhelm Leibniz (gest. 1716). Er schrieb: *Nec multiplicanda sunt miracula praeter necessitatem.* Wunder sollten nicht unnötig vermehrt werden.

Leibniz war in die Zeit nach dem Dreißigjährigen Krieg hineingeboren, der die Bevölkerung Europas um ein Drittel dezimiert hatte, im Streit um Religionszugehörigkeiten. Deshalb galten die diplomatischen und wissenschaftlichen Bemühungen des umtriebigen Mannes, der mit den führenden Köpfen seines Jahrhunderts korrespondierte, dem Glaubensfrieden.

In den intellektuellen Debatten der Aufklärer spielte die Frage nach dem Wunderbaren deshalb eine Hauptrolle, weil die strafrechtlichen Konsequenzen des Hexenflugs umstritten waren, und zunehmend auch die Tatsächlichkeit solch teuflischer Spektakel. Dazu kam das Kopfschütteln des europäischen Nordens über südländische Übertreibungen, beispielsweise den imaginären Ring der heiligen Katharina von Siena (gest. 1380) aus der Vorhaut Christi. Wundertätige Reliquien wie die Ampullen mit der Muttermilch Mariens sanken während der Bilderstürme zur Lutherzeit stark im Kurs oder landeten auf den Scheiterhaufen für Abgötterei. Gebildete Humanisten wie der katholische Lordkanzler von England Sir Thomas More belustigten sich über den Hexenglauben.

Leibniz, lutherisch getauft, versuchte zwischen Nord und Süd, Ost und West gedanklich zu vermitteln, vergeblich. Die Türken belagerten Wien, ebenfalls vergeblich. Der Religionsfriede blieb ein Zukunftsprojekt, bis die Japaner kamen. Sie fotografieren den Potala, die Akropolis, den Petersplatz in Rom, die Klagemauer in Jerusalem. Demnächst werden die Japaner auch in Mekka landen. Für Touristen ist alles interessant, was sich abbilden lässt. Die Bilder sind beliebig oft reproduzierbar, somit wertlos. Sie wirken keine Wunder. Insofern ist der Wunsch der Aufklärer nach einer Welt ohne

Wunder in Erfüllung gegangen. Der Religionsfriede lässt trotzdem auf sich warten.

Und wenn schon. Für einen anderen Mathematiker war der augenscheinliche Verfall der buddhistischen und christlichen Heilswege dem Siegeszug der Naturwissenschaften geschuldet. Alfred North Whitehead (gest. 1947) verdankte seine Berühmtheit einem Grundlagenwerk über mathematische Logik, das er gemeinsam mit seinem Freund und späteren Feind Bertrand Russell (gest. 1970) in Cambridge verfasst hatte. Hernach ging er in die USA und philosophisch aufs Ganze, hielt 1926 in Boston vier Vorlesungen über Religion im Werden (»Religion in the Making«) und schob 1929 eine Kosmologie nach. In der christlichen Tradition respektierte Whitehead lediglich Origenes und Erasmus, die keine Dogmatiker waren. Selbstzufriedene Pedanterie angelesenen Wissens und Ignoranz vertrauensseliger Eiferer haben die Religionen voneinander abgekapselt, statt die allen gemeinsame Urszene zu beachten, die Gottverlassenheit, meinte Whitehead.

Originell war auch seine Idee, den Weltprozess als Abfolge von überraschenden Ereignissen *(events)* aufzufassen. Das ging gegen Leibniz, dessen Welt so gut wie der teuerste Chronometer lief. Leibniz mochte sich Gott nicht als ungeschickten Uhrmacher vorstellen, der sein Werk laufend nachjustieren muss. Whitehead hatte zwar gegen eine gewisse Verlässlichkeit des Alltagslebens mit aufgehender Sonne und Mondphasen nichts einzuwenden, bevorzugte jedoch einen Gott, der zur Abwechslung einmal die Gravitationsgesetze außer

Kraft setzt, um etwas Neues auszuprobieren. Ein Seitenblick auf den einen halben Meter über dem Fußboden schwebenden Padre Pio wäre damit auch unter Gebildeten salonfähig. Whitehead konnte nicht ahnen, dass Events später im Kulturbetrieb unerlässlich werden sollten, freilich bei gleichzeitiger Realpräsenz blindwütiger Religionsfanatiker, die auf ihre Weise für Events sorgen.

Unseren täglichen Event gib uns heute. Staunen, sich wundern (griechisch: *thaumazein*) sei eine Leidenschaft *(pathos)*, so Platon, die am Anfang des Wissensdranges *(arche philosophias)* stehe. Hauptwörtlich gebraucht, regiert diese Regung ein Wortfeld, in dem Platz für alles Unerwartete ist, sobald es bemerkt wird, ob als Wunder, Event oder Katastrophe.

Im Wiener Vormärz geriet das Staunen in den Text der von Franz Schubert vertonten Deutschen Messe für den Gemeindegottesdienst, die noch immer gern zur Orgel gesungen wird. Verfasser war der Physikprofessor am damaligen Wiener Polytechnischen Institut Johann Philipp Neumann. Er schrieb: Staunen nur kann ich und staunend mich freun, Vater der Welten, drum stimm ich mit ein: Ehre sei Gott in der Höhe.

Vom Urknall war 1826 noch nicht die Rede.

Staunen nur kann ich. Die Deutsche Messe setzt ein Ichbewusstsein voraus, dessen Entstehung der Philosoph Karl Jaspers (gest. 1969) in der von ihm so benannten »Achsenzeit« ansiedelte. In China, Indien, Persien, Palästina und Griechenland, so Jaspers, drängte sich ab 800 v. Chr. Außerordentliches zusammen: Das Neue dieses Zeitalters, schrieb Jaspers, ist in allen drei Welten, dass der Mensch sich des Seins im Ganzen, seiner selbst und seiner Grenzen bewusst wird.

Dabei ist es geblieben. Ohne Identitätsnachweis läuft nichts, weder im Erwerbsleben noch beim Heiraten. Gegrübelt wird lediglich darüber, was menschliches Ichbewusstsein im Kern zusammenhält, ob es der Sprache bedarf, der Unterscheidung zwischen Ursache und Wirkung, des Erinnerungsvermögens. Fest steht, dass wir seit mindestens einer Jahrmillion mit einem Nervensystem herumlaufen, das sich kaum geändert hat. Die Suche nach einem Hirnareal, das für den Wunderglauben zuständig ist, bleibt den Neurowissenschaften überlassen.

Also zurück an den Start. Eine Gesellschaft von Diplomaten beobachtete den Padre Pio, wie er über dem Fußboden schwebte. Einer der Diplomaten erzählte später den Vorfall dem Kardinal Schönborn, und der erzählte ihn mir, am 27. Oktober 2005, während eines Mittagessens im Wiener Erzbischöflichen Palais. Und dann?

Bin ich nach Hause gefahren und habe meine Siesta gehalten, wie zur Zeit meiner Kaplanstätigkeit, als ich täglich am frühen Morgen eine heilige Messe las. Während der Messe passiert die Verwandlung von Brot in den Leib Christi, wie der Katechismus der katholischen Kirche behauptet. Tagtäglich ein Wunder, bewirkt durch meine Wandlungsgewalt.

Damit war es zu Ende, als mir 1976 wegen Abweichung von der kirchlichen Lehre verboten wurde, die Messe zu lesen. Danach litt ich unter Entzugserscheinungen. Ein Leben ganz ohne Wunder? Das hält doch kein Mensch aus.

Woran es fehlt

An allem! Das sagen die meisten Chinesen, Inder, Brasilianer und Russen, obwohl sie in den vier lebhaftesten Volkswirtschaften auf der Schwelle ins globale Kasino des Finanzkapitals leben. Sie wollen geräumige Wohnungen, Kühlschränke, Fernseher, Internetzugang, wirksame Medikamente, billige Autos. Ob sie sich auch mehr Religion wünschen, wird zurzeit noch erforscht, zuletzt im »Religionsmonitor« der Bertelsmann Stiftung Gütersloh. Auf die Frage »Wie oft erleben Sie Situationen, in denen Sie das Gefühl haben, dass Gott in Ihr Leben eingreift?«, antworteten Inder und Brasilianer am ehesten mit »oft«, neben Nigerianern, Marokkanern, Indonesiern und Guatemalteken. In Industrieländern lässt sich der Glaube an Wunder nur noch in Minderheiten orten, auch wenn ein paar Millionen Italiener den Padre Pio ins Herz geschlossen haben. Großzügige Subventionen aus Brüssel fließen in Projekte für nachhaltigen Tourismus, nicht in die Pflege altmodischer Frömmigkeit.

Die eleganteste Reaktion auf diese Weltlage findet sich für mich in den Unterweisungen des Ordensgründers Sri Schankara, der um 700 n. Chr. lebte, Indien mehrmals durchwanderte, mit berühmten Jogins debattierte und zahlreiche Kommentare über die klassischen Texte der Denktraditionen seines Landes verfasste. Er starb jung und hatte früh begriffen, dass die einzige Intelligenz, die er aus eigener Erfahrung kannte, seine eigene war und aus Illusionen wie dem Selbstbewusstsein zusammengesetzt war. Damit erwies sich auch das Dual Ich–Gott als Gedankenspiel, dessen Regeln so alt wie die Welt waren, also anfangslos. Vom Heimgang des illusionären (weil sterblichen) Selbstbewusstseins ins Göttliche ließ sich dann allenfalls reden, wenn das Göttliche als spielerisch aufgefasst wurde, dessen Wandlungen für irdische Augen verschleiert blieben.

Wirtschaftskrisen oder Religionskrisen konnten sich auf solchem Niveau der Einstellung zum Leben vergleichsweise entspannt zur Kenntnis nehmen. Mein Vorschlag: Verpflichtende Jogakurse für die gesamte Weltbevölkerung.

Als ob

Dem Heiligen aus Indien, dessen Lehren nach 1200 Jahren in Europa ankamen, war der Unterschied zwischen Wahrheitsliebe und Streben nach Erlösung fremd. Sri Schankaras Kommentar zum Brahmasutra erschien 1887 erstmals auf Deutsch und landete auf dem Schreibtisch Nietzsches, der bereits den Verdacht hegte, sein Bewusstseinszimmer gleiche einem Spiegelkabinett von Selbsttäuschungen.

Alles Walzer! So wird einmal jährlich auf dem Wiener Opernball gerufen. Alles Schwindel? Wir dürfen die Wege und Umwege des Denkens nicht mit dem wirklichen Geschehen verwechseln, hatte 1877 der junge Pfarrerssohn und Philosoph Hans Vaihinger (1852–1933) in seiner Habilitationsschrift behauptet; der eigentlich größte und wichtigste Teil der menschlichen Irrtümer entstehe dadurch, dass man die Wege des Denkens für die Abbilder der realen Verhältnisse selbst nimmt. Vaihinger wurde Professor in Halle, musste wegen eines Augenleidens 1906 in Pension gehen und veröffentlichte 1911 seine »Philosophie des Als Ob« über die theoretischen, praktischen und religiösen Fiktionen der Menschheit. Sein Ehrenplatz auf dem ost-westlichen Diwan war damit gesichert. Er starb gleich dem griechischen Wahrsager Teiresias vollkommen erblindet, wie es sich für einen Seher gehört.

Vaihinger wies nach, dass nicht nur religiöse, sondern auch mathematische und juridische Abläufe so gut funktionieren, weil sie so tun, als ob sie wahr wären. Das wirkte, ein Jahr vor dem Untergang der »Titanic«, erkenntnistheoretisch ähnlich irritierend wie das blamable Schiffsunglück.

Punkto Religion ließ sich Vaihinger gleichwohl zu keinerlei Polemik hinreißen wie vor ihm Nietzsche und nach ihm Freud. Er zog es vor, geduldig und gründlich den frühesten Spuren seines Als-Ob bei den »Alten«, den griechischen und römischen Philosophen, sprachgeschichtlich nachzugehen, hernach in der mittelalterlichen Scholastik und der frühen Neuzeit, bis er es in den Werken Immanuel Kants entdeckte, wortwörtlich. Dass er sich dabei wie übrigens auch Nietzsche die Augen ruinierte, war beim damaligen Stand der Medizin kein Wunder.

Das Fazit: Die Philosophie des Als-Ob lässt religiöse Vorstellungen weiterhin gelten, als »schöne Mythen«, nach deren Wahrheit im umgangssprachlichen Sinn zu fragen »plebejisch« wäre. Offenere Seelen können anstandslos religiöse Formeln weiterhin gebrauchen, weil sie wissen, dass alles menschliche Denken an Fiktionen gebunden bleibt. Der denkende Mensch benötigt die Als-Ob-Betrachtung.

Vivant sequentes. Seinen Nachfolgern wünschte Vaihinger viel Glück. In der Tat erwies sich das Als-Ob als erstaunlich resistent gegen den nagenden Zahn der Zeit. Es mutierte zum Sprachspiel, zum zentralen Begriff denksportlicher Metaphernkritik, mitunter wie von Vaihinger abgeschrieben.

Liege ich mit meiner Schwäche für den Padre Pio womöglich im neuesten Trend? Im herrschenden Falschen darf Wahrheitsliebe jedenfalls als Wunder betrachtet werden.

Weiter so?

Tschernobyl und Fukushima waren für die Chinesen kein Grund, ihre Essgewohnheiten zu ändern. Auch die Attentate auf das World Trade Center und die Pleite von Lehman Brothers raubten ihnen nicht den Schlaf. Sie hatten Schlimmeres erlebt. Tief besorgt über die Zukunft der Menschheit hatte sich lediglich der Philosoph Martin Heidegger geäußert, bereits im Jahr 1966, und gesagt: Nur noch ein Gott kann uns retten.

Dabei hatte der tiefsinnigste deutsche Denker des 20. Jahrhunderts seinen katholischen Glauben längst hinter sich gelassen und war Mitglied bei der Nationalsozialistischen Deutschen Arbeiterpartei geworden. Hernach mussten die Juden ins Gas, und Heidegger begann an ein Weltwunder zu glauben. Allerdings nur halbwegs. Der unbestimmte Artikel vor Heideggers Gott verhieß nichts Gutes. Uns bleibt die einzige Möglichkeit, so Heidegger, im Denken und Dichten eine Bereitschaft vorzubereiten für die Erscheinung des Gottes oder für die Abwesenheit des Gottes im Untergang.

Angst und Sorge waren Schlüsselwörter für Heideggers Bedenklichkeit zwischen Weltkrieg I und Weltkrieg II. Ich trat 1948 ins Priesterseminar ein, diesseits des Eisernen Vorhangs, betete um die Bekehrung Russlands und durfte während der Ferien in die Schweiz fahren, wo es genug Schokolade gab. Sorge und Angst waren in meiner Ausbildung kein besonderes Thema.

Mit dem ersten selbst verdienten Geld kaufte ich mir ein Fahrrad mit Dreigangschaltung, pflegte es wie ein Stück von mir und war damit gegen Heidegger immunisiert, der Maschinen verachtete. Mein Beitrag zur Rettung der Mutter Erde bestand in der Anlage eines Komposthaufens.

Aber so leicht ließ Heidegger sich nicht abschütteln. Bis 1973 hatte ein Barrel saudisches Öl weniger als zwei Dollar gekostet. Als es damit für immer vorbei war, bekamen die Umweltschützer ihre ersten Sorgenfalten. Der »Club of Rome« veröffentlichte zeitgleich seinen Bericht über die Grenzen des Wachstums, dessen Nachwort mich damals an die Wortwahl der biblischen Apokalypse erinnerte. Wehe!

Auch der Kalte Krieg zwischen den USA und der Sowjetunion mitsamt der Gefahr eines Weltkriegs mit Atomwaffen trug nicht unbedingt zur guten Laune bei.

In dieser gedrückten Stimmung gerieten riesige, ins Leere starrende Statuen zu Ikonen des Untergangs. Fasziniert betrachtet hatte sie bereits 1947 der dänische Völkerkundler Thor Heyerdahl nach seiner abenteuerlichen Reise über den Pazifik zur Osterinsel. Wie konnte eine Bevölkerung mit solch hohen bildnerischen Kompetenzen ins Aus geraten sein?

Der Osterinsel widmet sich jetzt eine umfangreiche Studie über die Regeln des Untergangs von Zivilisationen. Die Parallelen zwischen der Osterinsel und der ganzen heutigen Welt, so der Befund, liegen beängstigend klar auf der Hand.

Am Tag des Osterfestes 1722 war die Insel vom Holländer Jacob Roggeveen gesichtet worden. Der Name, der ihr deswegen verliehen wurde, erwies sich als trügerisch. Sie lässt nicht an die Auferstehung Christi von den Toten denken, sondern an das Verlöschen einer Kultur, die sich 500 Jahre lang in grandiosen Denkmälern verewigen wollte.

Auf der mittelalterlichen Osterinsel hatten die Handwerker das Anfertigen, den Transport und die Aufstellung von Kunstwerken im Repertoire, die zehn Tonnen wogen – das alles ohne Werkzeuge aus Metall, ohne Zugtiere und Räder, ohne Kräne. Drei solcher Statuen im Jahr, bei einer Bevölkerung von 15 000 Menschen, waren die Regel. Der Zweck: die Vergottung der Häuptlinge.

Das klingt bekannt. Weniger erfolgreich waren die Insulaner bei der Bewirtschaftung ihrer Ressourcen. Auch das klingt bekannt. Als der letzte Baum umgeschnitten war, stand die Osterinsel vor dem Nichts. Ob das auch für 20 Milliarden Menschen irgendwann einmal der Fall sein wird, lässt der Autor der Studie offen. Möglich wäre es schon. Mein Vorschlag: Verpflichtende Kurse für die gesamte Weltbevölkerung in der Kunst, Massendemos auf die Beine zu bringen. Aber bitte ohne lautes Geschrei.

Nicht der Rede wert

Ein beherzigenswerter Vorschlag in Richtung auf eine Welt voller kleiner Wunder kam von Sir Baden-Powell (gest. 1941), dem Vater der Pfadfinderbewegung: Täglich eine gute Tat. Kaum schickt sich die gebrechliche ältere Dame an, eine belebte Straße zu überqueren, ist schon der nette Junge zur Stelle. May I help you? Auf die Dankesworte am Ende der Hilfsaktion wird der Pfadfinder sagen: Not at all. Nicht der Rede wert. Und schon ist für einen freundlichen Augenblick die Welt der Preis-Leistungs-Verhältnisse belanglos geworden, zum Glück.

Wie die Pfadfinder begann auch die Heilsarmee in der um 1900 führenden Industrienation zu marschieren. Eine besonders peinliche Szene wird seither immer wieder gespielt, in einem beliebigen Lokal. An den Tisch der behaglich Speisenden tritt ein Heilsarmist mit der Bitte um eine Geldspende. Schon ist die vergnügte Stimmung gestört, und man kann auf einmal die Hilfeschreie hören, die aus der Finsternis draußen kommen.

Wer oder was wird schließlich darüber entscheiden, ob der Kopf geschüttelt oder zum Geld gegriffen wird? Werden zwei unter zehn Personen spenden oder acht? Wird ein Wunder geschehen? Im Nachtgeschäft, unter Taxifahrern, Prostituierten und Heilsarmisten gibt es eine Erfahrung: Betrunkene geben am meisten.

Seit Menschengedenken wird erwartet, dass jede Gabe eine Gegengabe verlangt. Mitunter allerdings sind

Redewendungen in Gebrauch, die den Dank für eine Gefälligkeit in einer Weise abwehren, die auf Gegenleistung verzichtet. Keine Ursache (französisch: *pas de quoi*, spanisch: *de nada*)! Nicht der Rede wert! War mir ein Vergnügen! Gern geschehen!

Wobei die Betonung der Selbstverständlichkeit des guten Willens seine Seltenheit voraussetzt, weil sonst die Pointe verloren ginge. Demenzkranke zu betreuen kann kein Vergnügen sein und ist mittlerweile zu einem Beruf geworden, samt den bekannten Risiken für die Belastbarkeit des Pflegepersonals, das in der Regel bezahlt werden muss. Güte erscheint dann als Mehrwert, der nicht verlangt werden kann, sondern aus welchen Gründen auch immer mitunter gewährt wird. Keine Ursache!

Oder doch? In der Lebensbeschreibung des Martin von Tours (gest. 397 n. Chr.) steht die Bemerkung, Martin habe beim Anblick eines nackten Bettlers erkannt *(cognovit)*, dass dieser Mensch ihm bestimmt sei, und ihm die Hälfte seines Umhangs gegeben. In der darauffolgenden Nacht sei dem Spender des Mantels der Herr Jesus erschienen, eingehüllt in den halben Mantel. Das Novum: Der menschgewordene Gott identifizierte sich mit den Ärmsten der Armen. Ohne die Mühewaltung des Erlösers der Christenheit würde es heute weder das Rote Kreuz noch Krankenschwestern geben. Die liebenswürdigste Formulierung dieses Sachverhalts ist in der Bibel nachzulesen: Der Gott ist Güte (griechisch: *ho theos agape estin*).

Selbstverständlich gibt es auch schlimme Gottesbeschreibungen. Sie verfolgen den Zweck, Sorge und

Angst zu machen bzw. zu verstärken, wie die Lehre von der Erbsünde, deren Schatten über dem christlichen Abendland liegt, seit sie vom heiligen Augustinus erdacht wurde, dem wortgewaltigen und eher depressiv veranlagten Kirchenvater. Er war ein Zeitgenosse des heiligen Martin von Tours.

Wie ich bereits an anderer Stelle ausgeführt habe, ist die Unterscheidung zwischen zuträglichen und schädlichen Inspirationen heikel. Eine nützliche Übung bestünde darin, sich die eigene Schädeldecke als Landeplatz für Außerirdische vorzustellen, mit allerlei verschlüsselten Botschaften aus dem All.

Bekanntlich ist das All, wie es ist, unabhängig von unserem Verstand. Ob ein gütiger Gott im All schaltet und waltet, bleibt eine Frage menschlichen Bewusstseins, und das unterliegt Regeln, die zu kennen von Leuten behauptet wird, die ihrerseits vom menschlichen Bewusstsein bestimmt sind – Philosophen, Theologen, Psychologen, Neurologen etc. Sobald sie den Mund aufmachen, sehen sie sich gezwungen zu lügen. Es sei denn, es passiert ein Wunder und das Bewusstsein wird für einen Augenblick zum Zentrum des Alls.

Und wenn ich mich getäuscht habe? Dann halte ich mich an die Regel, dass die Unterscheidung zwischen zuträglichen und schädlichen Inspirationen davon abhängt, ob eine Inspiration mich auf die Dauer zur Güte geneigt macht oder nicht. Wenn ja, dann haben auch andere Menschen etwas von meiner Inspiration, und ich habe ein Wunder gewirkt. Nicht der Rede wert.

Unter uns Häuptlingen

Der vorhin erwähnte Martin von Tours wurde gegen seinen Willen zur Amtsperson, im Alter von 55 Jahren, wegen seines Rufs als Klostergründer und Wundertäter. Im vierten Jahrhundert nach Christus wurden Bischöfe gar nicht selten durch einmütigen Zuruf der versammelten Gemeinde bestellt, nach öffentlicher Diskussion, die durchaus turbulent ablaufen konnte, wie in Mailand (Ambrosius) und Hippo Regius (Augustinus). So auch in Tours. Aus triftigen Gründen hatten die drei Heiligen starke Vorbehalte gegen das Rollenspiel als Respektspersonen und fügten sich erst, als Volkes Wille es verlangte. *Vox populi vox dei.* Hernach legten sich die Hände ihrer Amtskollegen auf die Häupter der Ausgewählten, mit der Warnung: *Cognoscite quod agitis.* Euer Handeln ist folgenschwer.

Die politischen Verhältnisse *(imperium)* im Abendland, das sich eben anschickte, christlich zu werden, zeigten deutliche Ermüdungserscheinungen. Martin hatte seinem Kaiser ins Gesicht gesagt, dass ihm der Dienst als Offizier unerträglich sei. Ambrosius und Augustinus fanden öffentliche Karrieren als Statthalter oder Professor eher beschwerlich. Ein Hauch von Beckett sozusagen, nach dem Hunnensturm und der verlorenen Schlacht von Adrianopel. Ende, es ist zu Ende, es geht zu Ende, es geht vielleicht zu Ende.

Nicht zu ihrer Freude, eher zu ihrem Verdruss sahen

sich Martin, Ambrosius, Augustinus auf den Thronsesseln der Machthaberei, im Auftrag des Allerhöchsten. Ihre Verordnung gegen das Gift des Testosterons: No sex at all.

Das war neu. Bis dahin hatten sämtliche Priesterschaften der Hochkulturen ihre Befugnisse vom Vater an die Söhne weitergereicht, ohne Zutritt für Emporkömmlinge. Martin war der erste Geistliche im Abendland, der die Keuschheit der Mönche und Nonnen aus Asien zur Norm eines geglückten Lebens auch für kirchliche Würdenträger erhob. Damit war der Stachel im Fleisch aller kirchlich Ordinierten implantiert, tausend Jahre lang bis zu Luther, nach der Regel: Je höher die Position auf den Rängen der geistlichen Macht, desto strenger das Heiratsverbot. Der Wille des Mannes, wie ihn die Bibel nennt, musste gebrochen werden, ehe er den höchsten Respekt verdiente. Intimität und Herrschaft vertragen sich nicht gut miteinander, nach wie vor.

Das zeigt sich in der Halbwelt des Sadomaso, deren Lustgewinn hart bleiben muss. Ein Blick ins Internet genügt, um die Strenge der drei Asketen am Ende einer längst vergangenen Epoche als letztwillige Antwort auf jenes unlösbare Problem zu begreifen, das aktuell bleibt, solang Männer das Sagen haben. Jeder Häuptling *(chief)* hat etwas zu verbergen, das er als Schwäche gegen das fragwürdige Objekt seiner Begierde erlebt.

Und so weiter. Bemerkenswert bleibt, dass nur Martin als Wundermann gilt, während Ambrosius und Augustinus mit Worten glänzen. Martin ist als Mann verewigt, der wenigstens einmal im Leben nachgiebig wurde, so ähnlich wie Sankt Nikolaus, dessen Güte vorbildlich war.

Häuptlinge, ob als Priester, Soldaten, Politiker oder Konzernchefs tätig, sind nicht zum Wunderwirken bestimmt, sondern zum Funktionieren in Rollen, deren Skript vorgeschrieben ist. Wie sich langsam herausstellt, gilt das auch für Frauen in Spitzenpositionen. Warum sollten sie Wunder wirken, als Bischöfinnen zum Beispiel? Automaten wirken keine Wunder.

Jeder für sich und Gott gegen alle

Wie bereits bemerkt, ist der Glaube an Wunder unter agnostisch angehauchten Zeitgenossen nicht sonderlich beliebt, auch wenn sie theologisch gebildet sind und gelegentlich einen Gottesdienst besuchen. Ein Pionier dieser Haltung war der schottische Moralphilosoph Adam Smith (gest. 1790), der als Begründer der klassischen Nationalökonomie gilt. Als die Vorsehung die Erde unter eine geringe Zahl von Herren und Besitzern verteilte, schrieb Smith, hat sie diejenigen, die sie scheinbar bei ihrer Teilung übergangen hat, doch nicht vergessen und ganz verlassen. Von einer unsichtbaren Hand werden die Reichen trotz ihrer natürlichen Selbstsucht und Raubgier dahin geführt, beinahe die gleiche Verteilung der zum Leben notwendigen Güter zu verwirklichen, ohne es zu beabsichtigen, ja ohne es zu wissen.

Volkswirtschaftlicher Reichtum *(common wealth)* entstünde, dies die Regel, durch die Notwendigkeit der Profitmaximierung für den einzelnen Unternehmer, wodurch auch die Allgemeinheit reicher würde. Halbwegs gesorgt war damit auch für die Benachteiligten, selbst wenn sie mit einem Buckel auf die Welt gekommen waren.

Anschaulicher als für Smith war die Vorsehung auf einem Mosaik der Basilika in Nola (Kampanien) zu sehen, die ein vermögender Adliger namens Anicius

Paulinus gestiftet hatte, nach seiner Hinwendung zum Christentum gegen Ende des 4. Jahrhunderts. Das Bildprogramm in der Apsis präsentierte Gottes Hand am oberen Ende der Vertikale im Gewölk, über der Taube des Heiligen Geistes, unter welcher ein Kreis das Kreuzeszeichen mit dem Lamm Gottes umschloss. Die Horizontale am unteren Ende des Halbrunds zeigte eine Reihe von zweimal sechs Lämmern, symmetrisch arrangiert mit Blickrichtung auf das Lamm Gottes.

Die Details des Mosaiks sind nur deshalb bekannt, weil Paulinus sie in Briefen ausführlich beschrieb. Von seiner Bautätigkeit sind nur noch unerhebliche Reste vorhanden. Kaum zum Bischof von Nola geweiht, ließ er ein Altersheim errichten, wie es sich für einen Christenmenschen gehört.

In turbulenten Zeiten hingegen sei eher auf automatisch wirkende Kräfte Verlass, meinte der langjährige Chef der US-Notenbank Alan Greenspan mit Berufung auf Adam Smith. Bis zu seiner Pensionierung wurden Greenspans Verlautbarungen wie Orakelsprüche respektiert. Weltanschaulich orientierte er sich an der Schriftstellerin Ayn Rand (gest. 1982), einer militanten Atheistin und Wortführerin für das Recht auf Stärke. Jeder für sich.

Weil das nicht immer funktioniert, müssen Leute wie Greenspan eingreifen.

Und nicht Gott. Das ist der gegenwärtige Stand der Dinge, wirtschaftswissenschaftlich gesehen. Wenn dann ein Tsunami losgeht wie am 26. Dezember 2004, kommen die Theologen zu Wort, auch Kardinal Schönborn, der die Flutkatastrophe als heilsamen Fingerzeig Gottes begrüßt hatte.

Gott gegen alle.

Mein Schriftstellerkollege Josef Haslinger veröffentlichte 2007 seine Darstellung der traumatisierenden Erlebnisse, die er während des Weihnachtsurlaubs mit seiner Familie vor der Westküste Thailands auf der Insel Koh Phi Phi durchgemacht hatte. Wir Überlebenden, schreibt Haslinger, waren eine zufällige Auslese. In unserem Hotel standen die Chancen fünfzig zu fünfzig, doch das große Gericht hatte keinen Gerechtigkeitssinn. Wir waren zu viert gekommen und sind zu viert wieder abgereist. Die Erinnerung daran, eine immense Katastrophe nur zufällig überlebt zu haben, folgt einer eigenen Logik, man kann es sich immer wieder sagen, welches Glück man hatte, es kommt darüber keine Genugtuung auf. Weitere Katastrophen sind nicht vorgesehen, schreibt Haslinger. Sechs Wochen nach dem Tsunami ist ihm in Wien eine Pappschachtel mit dem Inhalt des Tresors aus dem Bungalow ausgehändigt worden, den er vor dem Unglück bewohnt hatte. Reisepässe, Filmkassetten, Führerscheine, Bankkarten – feucht und modrig. Darunter auch ein Amulett aus seiner Geldbörse, das ihm seine Mutter vor langer Zeit gegeben hatte. Jetzt ist das Metall abgesplittert, schreibt Haslinger, die Schrift am Rand ist unlesbar geworden, aber ich weiß, was da stand.

So wie ich ihn kenne, hat Haslinger das Amulett nicht entsorgt. Es handelt sich um die sogenannte Wundertätige Medaille, die ich stets vorrätig habe, für den Fall des

Falles, weil sie sich schon öfter bewährt hat, besonders dann, wenn agnostisch angehauchte Bezugspersonen in Not waren. Haslinger hält sich in Religionsangelegenheiten eher zurück, wegen seiner katholischen Kindheit und Jugend, deren schlimme Nachwirkungen für ihn ähnlich unvergesslich bleiben wie der Tsunami.

Fifty fifty also ohne Wundertätige Medaille, die seit 1830 in gut sortierten Devotionalienhandlungen erhältlich ist. Die katholische Färbung der Mutter Gottes kann bei ihrer Inanspruchnahme entfallen. Sie ist älter als Gott.

In Bezug auf Jesus Christus, der als Sohn der Mutter Gottes verehrt wird, bin ich empfindlich geblieben. Wenn über ihn geredet oder geschrieben wird, mag ich nicht angeschwindelt werden. Das hängt damit zusammen, dass ich als junger Mann das Gefühl hatte, zum innersten Kreis derer zu gehören, die mit Jesus Christus das Letzte Abendmahl erlebten. Zu dem Gefühl gehörten zwei Bilder, das berühmte von Leonardo da Vinci in Mailand und das von Rembrandt mit den zwei Emmausjüngern im Louvre. Das Theater der Zulassung zum innersten Kreis, mit Theologiestudium und Ordination, gehört für mich inzwischen zum Kulturbetrieb, zur Fabrikation von Illusionen. Um den Wahrheitsgehalt der Christuslegende zu veranschaulichen, genügt ein Blick auf das kleine Gemälde von Rembrandt, 68 mal 65 cm, auf das Helldunkel der Komposition, den Gesichtsausdruck des Heilands. Die entsprechende Passage aus dem Lukasevangelium habe ich so oft gelesen, dass ich sie auswendig weiß. Brannte nicht unser Herz in uns?

Bleibe bei uns, denn es will Abend werden. Da wurden ihnen die Augen geöffnet.

Die heiligen Messen, die ich zwanzig Jahre lang gelesen habe, installierten in meinem Seelenleben eine Art Super-Du. Es will geliebt werden. Es ist therapieresistent. Es wirkt Wunder, wenn es ihm passt. Es wird mich überdauern. Außerdem ist kürzlich ein Kartäuserkater aus der Nachbarschaft, der wegen eines starken Gewitters in Panik aus dem Fenster sprang, nach fünftägiger Abwesenheit heimgekehrt. Alles in Butter, bis zum nächsten Tsunami.

Im Ristorante

Nach meiner wunderbaren Heilung (Mai 2003, abdominales Aorten-Aneurysma) stand ich unter dem Eindruck, dem Tod von der Schaufel gesprungen zu sein – eher erstaunt als dankbar und glücklich. Mitte April hatte ich in Neapel für meine Devotionaliensammlung etliche altmodische Andachtsbildchen gekauft, wie sie nur in Italien erzeugt werden, darunter eines mit dem Konterfei des Padre Pio. Dann verordnete meine Hausärztin angesichts des Eisenmangels in meinem Blutbild gründliche Untersuchungen des Magens und Darms, das Aneurysma wurde entdeckt und operiert. Danach setzte ich mich wieder an meine Schreibmaschine.

Jahre später überraschte mich eine Bemerkung des Padrone der Pizzeria in Wien, mit dem ich mich für den ORF über den Padre Pio unterhielt.

Kommen Sie, wenn Sie fröhlich sind!

Das hat er gesagt?

Hat der Padre Pio gesagt. Nicht nur, wenn Sie Probleme haben. Das ist normal. Wenn es Probleme gibt, kommen die Leute in die Kirche und sagen, meine Mutter ist krank, mein Sohn ist krank, meine Schwester ist krank. Warum kommen die Leute nicht, wenn es ihnen gut geht? Tutto e scherzo d'amore.

Hat er gesagt?

Ja. Ich werde zu Fuß nach San Giovanni Rotondo

gehen und um Gnade bitten. Er gibt mir so viel Kraft, dieser Mensch.

Forza, allegria. Kraft durch Freude. Das Wortspiel wurde 1933 zum Motto einer nationalsozialistischen Organisation für Freizeitgestaltung und Ferienreisen. Theologisch lassen sich die Bösewichter des schlimmsten Jahrhunderts der Weltgeschichte als Parasiten im Leib Christi betrachten. Nach ihrem Abgang haben sie den Leib Christi geschwächt zurückgelassen, was sich in den Religionsstatistiken Europas niederschlägt.

Im Ristorante ist davon nichts zu merken. Der Padrone achtet auf gute Küche, er ist aus Sizilien nach Wien gekommen und bewirtschaftet mit seiner Familie drei Lokale. Er hat einen schweren Verkehrsunfall bei Udine überlebt, weil in seinem Lastwagen zwei Bilder vom Padre Pio hingen, erzählte mir der Padrone. Für ihn ist der Padre Pio so real wie eine Pizza, kommt mir vor. Arrivederci!

Arrivederci, Dottore.

Die Wandlung

Das Schlusskapitel meines Buchs »Tod und Teufel« (1973) endigt mit einer Passage, die von Ferne an den Padre Pio erinnert:

Ich muss meine Augen prüfen. Der Augenblick der Wandlung erfordert gute Augen. Der Priester nimmt die Hostie zu Beginn der Wandlung, er spricht die Worte der Wandlung. Sodann zeigt er die Hostie den Anwesenden. Zwischen Wandlung und Kommunion fallen meine Augen einige Male auf die verwandelte Hostie. Meine Augen neigen dazu, keinerlei Veränderung wahrzunehmen. Sie sind für die Wahrnehmung der Wandlung denkbar ungeeignet. Gleichwohl geschieht es dann und wann, dass für Augenblicke ich mir vorkomme, als ob ich mit den Augen in die Hostie eindringen, in sie einsinken würde, zusammen mit dem Gefühl, mich in einer Wölbung zu befinden. Diese Empfindung habe ich wirklich. Ich möchte sie ungern unterdrücken. Ich vermag sie andere Menschen, auch gut befreundete, nicht zu lehren. Sie ist mir wichtiger als die Wahrnehmung zweier Menschen auf dem Mond auf dem Bildschirm eines Fernsehgerätes. Für mich ist die Wandlung wichtiger als die Mondlandung.

Kardinal Schönborn hat mir erzählt, dass er als Halbwüchsiger eingeladen wurde, an einer Wallfahrt zum Padre Pio teilzunehmen. Das habe er auch nach einigem Zögern getan, einer Messe beigewohnt, die der

Pater zelebrierte, und dabei eine Ergriffenheit erlebt, die einmalig war.

Einig bin ich mit Kardinal Schönborn in der Verwendung des Fachausdrucks, der in diesem Zusammenhang angebracht erscheint: Realpräsenz. Gemeint ist damit die wirkliche leibhaftige Gegenwart Christi im Hostienscheibchen. Dazu gehört eine passende Musik, vorzugsweise das Ave verum corpus, vertont von Mozart. Uneins bin ich mit Kardinal Schönborn bei der Beantwortung der Frage, ob der Glaube an die Realpräsenz heilsnotwendig sei. Ich kann mir schwer vorstellen, dass ein Chinese beim Anblick des Padre Pio mit der Hostie zwischen Daumen und Zeigefinger der rechten Hand sofort in die Knie sinkt. Es sei denn, es handelt sich um einen katholisch getauften und missionarisch belehrten Chinesen.

Egal. Vermutlich verfügte Padre Pio über eine Art Hellsicht für die Wahrnehmung von Zusammenhängen, die dem normalen Wachbewusstsein verborgen bleiben. Er zelebrierte seine Messen täglich am frühen Morgen in der Kirche des Kapuzinerklosters oberhalb von San Giovanni Rotondo, wo er seit 1916 lebte. In der Regel verbrachte Padre Pio anderthalb Stunden am Altar, dreimal so lang wie üblich. Es gab längere Pausen stiller Meditation, Tränen, Blicke nach oben, lebhaftes Mienenspiel zwischen Trauer und Beglückung. Ein Problem stellten die schreienden Frauen dar, die den Stigmatisierten auf dem Weg zurück in die Sakristei umdrängten, ihn an den Armen packten, an seiner Gewandung zogen, ihm Babys zur Segnung entgegenstreckten. Padre, eine

Reliquie! Und der Padre, auch nicht faul, schrie zurück. Macht euch selber eure Reliquien! Bin ich im Irrenhaus? Heidentum! Via, via! Verschwindet!

So mag ich ihn, meinen Wunderpriester. Addio, Padre. Ich muss noch ein Weilchen ausharren, im Tal der Tränen. Mein Vorschlag: Ein Jahr Gebetsenthaltung weltweit. Sollten trotzdem Wunder passieren, habe ich dieses Buch nicht vergeblich geschrieben.

Anmerkungen

Die Zahlen am Rand verweisen auf die jeweilige Seite des Textes, auf die sich die Anmerkungen beziehen. Öfter angeführte Arbeiten werden das erste Mal bibliographisch voll ausgewiesen und in der Folge abgekürzt zitiert. Hinweise auf Fachlexika, Handwörterbücher und das Internet werden nur in Ausnahmefällen gegeben. Die Übersetzung biblischer Texte orientiert sich an der »Jerusalemer Bibel« (hg. von Diego Arenhoevel, Alfons Deissler, Anton Vögtle, Freiburg 1968).

10 *berichteten unter Eid:* vgl. Herbert Thurston, The Physical Phenomena of Mysticism, Chicago 1952, 17.

11 *über die Dächer der Ewigen Stadt:* H. Hennecke/W. Schneemelcher (Hg.), Neutestamentliche Apokryphen, Band 2, Tübingen 1964, 193–216.

eines Morgens mit Kacke beschmiert: Francis Trochu, Der Pfarrer von Ars, Stein am Rhein 2006, 213.

15 *Wir sind Kameraden:* Trochu, Der Pfarrer von Ars 218.

unter Höllenlärm: Trochu, Der Pfarrer von Ars 217f.

16 *die Klavier spielende Gräfin:* Colin Wilson, Das Okkulte, Berlin 1982, 679.

17 *Was willst du von uns?* Markusevangelium 1,24.

musste öfter das Tonband anhalten: Felicitas D. Goodman, Anneliese Michel und ihre Dämonen. Der Fall Klingenberg in wissenschaftlicher Sicht, Stein am Rhein 1980, 168.

18 *transkulturell bekannt:* Felicitas D. Goodman, Ekstase, Besessenheit, Dämonen. Die geheimnisvolle Seite der Religion, Gütersloh 1991.

im Zusammenhang ihrer Langzeitstudie: Felicitas D. Goodman, Maya Apokalypse. Seventeen Years with the Women of a Yucatan Village, Bloomington 2001.

20 *eine Vielzahl von Eindringlingen:* C. Stewart, Demons and the Devil. Moral imagination in modern Greek Culture, Princeton 1991, 251–253.

21 *Wenn sie die Macht übernehmen:* Elisabeth Colson, Spirit Possession among the Tonga of Zambia, in: John Beattie/John Middleton (Hg.), Spirit Membership and Society in Africa, New York 1962, 72.

von »Satan und seinen Leuten«: zit. nach Peter Stanford, Der Teufel. Eine Biographie, Frankfurt am Main 2000, 280.

Roms prominentester Exorzist: Stanford, Der Teufel 264–267.

wie ein Gestank in der Luft: Ernst Bloch, Aufklärung und Teufelsglaube, in: Oskar Schatz (Hg.), Hat die Religion Zukunft?, Graz 1971, 121.

22 *Eines der Machtworte:* Markusevangelium 7,33f.

Das Aufschluchzen: vgl. Rudolf Pesch, Das Markusevangelium, 1. Teil, Freiburg 1976, 396.

Anleitungen für berufstätige Wunderheiler: vgl. Bernhard Lang, Heiliges Spiel. Eine Geschichte des christlichen Gottesdienstes, München 1998, 313–321.

23 *Dass Jesus von den Priestern nichts hielt:* Adolf Holl, Wie ich ein Priester wurde, warum Jesus dagegen war und was dabei herausgekommen ist, Reinbek bei Hamburg 1992 (Neuauflage unter dem Titel: Gott ist tot und läßt dich herzlich grüßen, Wien-Klosterneuburg 2001), 33–39.

25 *Auch nach seinem Tod:* Christian Schüle, In Gottes Licht, »Die Zeit« vom 22.12.2003.

in Spanien passiert ist: vgl. Vita Sackville-West, Adler und Taube. Eine Studie in Gegensätzen, Frankfurt am Main 1982, 118f.

26 *warum Hunde wissen:* Rupert Sheldrake, Der siebte Sinn der Tiere, Bern 1999.

bei einer Wahrscheinlichkeit: vgl. Rupert Sheldrake, Das schöpferische Universum. Die Theorie der morphogenetischen Felder und der morphogenetischen Resonanz, München 2008, 58.

27 *Studie über magische Hilfeleistungen:* Thomas Hauschild, Magie und Macht in Italien. Über Frauenzauber, Kirche und Politik, Gifkendorf 2002, 430.
beim Trüffelsuchen: Hauschild, Ritual und Gewalt 51f.
von fliegenden Priestern, Hexen, Schwarzmagiern: Thomas Hauschild, Ritual und Gewalt. Ethnologische Studien an europäischen und mediterranen Gesellschaften, Frankfurt am Main 2008, 53.

28 *Solang ein Toter frisch ist:* Hauschild, Magie und Macht 166.
notiert der Professor: Hauschild, Magie und Macht 16.

29 *ein paar Turnübungen:* Ernesto de Martino, Katholizismus, Magie, Aufklärung. Religionswissenschaftliche Studie am Beispiel Süditaliens, München 1982, 72–75.

30 *die Sinngebung des Sinnlosen:* vgl. Theodor Lessing, Geschichte als Sinngebung des Sinnlosen, München 1983.

31 *in den Florentiner Finanzkreisen:* Ende des 13. Jahrhunderts ging es in Florenz um eine Stadterweiterung auf das Sechsfache der bisherigen Fläche durch den Bau neuer Befestigungsmauern – vgl. Michael Wolff, Geschichte der Impetustheorie. Untersuchungen zum Ursprung der klassischen Mechanik, Frankfurt am Main 1978, 170–184.
verglich Karl Marx: vgl. Hartmut Böhme, Fetischismus und Kultur. Eine andere Theorie der Moderne, Reinbek bei Hamburg 2006, 324–327.

33 *In Kandy auf Sri Lanka:* Persönliche Mitteilung von Valerie Rückert (Wien) an den Autor.
wie das Wunder gemacht wurde: Paul Brunton, A Search in Secret India, Bombay 1970, 164–167.
Am besten gelingt sie: Martin Marheinecke (1998), http://www.mmsseiten.de/gw-004.htm.

34 *ins menschheitsalte schamanische Erbe:* Mircea Eliade, Yoga. Unsterblichkeit und Freiheit, Frankfurt am Main 1985, 329–338.

Wer nicht wiederum geboren wird: Johannesevangelium 3,3 (zur Übersetzung des griechischen *anothen* mit »wiederum«), vgl. Rudolf Schnackenburg, Das Johannesevangelium, 1. Teil, Freiburg 1965, 381.

35 *In Indien … findet sich die Vorstellung:* Eliade, Yoga 329–338.

Tagträume und Phantasien: Adolf Holl/Sudhir Kakar, Über die indische Sicht der Dinge, »Wespennest« 144, September 2006, 82.

36 *Besuch aus Indien:* Paramahansa Yogananda, Autobiographie eines Yogi, München 1973, 375–383.

Sie drückten körperlich aus: vgl. Gabriele Sorgo, Lebendige Reliquien. Über körperlichen Schmerz zur mystischen Innerlichkeit, in: Kaller-Dietrich Martina/Ruschak Silvia (Hg.), Körper-Kontroversen, Innsbruck 2004, 25–45.

37 *einen Dauerseller:* Clemens Brentano, Das bittere Leiden unseres Herrn Jesu Christi. Nach den Betrachtungen der Gottseligen Anna Katharina Emmerick, Sulzbach 1833.

jene aramäischen Redeteile: Günther Schwarz, Das Zeichen von Konnersreuth, Regensburg 1994, 225–306.

Den Hinrichtungsbalken Christi: Schwarz, Das Zeichen von Konnersreuth 270f, 357–359.

Der Heiland stand vor Sonnenaufgang: Schwarz, Das Zeichen von Konnersreuth 301–303.

39 *ein Gespräch zugeschrieben:* Johannesevangelium 11,21–26.

40 *Es gibt vier große Teufel auf der Welt:* Emmanuel Le Roy Ladurie, Montaillou. Cathars and Catholics in a French Village (deutsch: Montaillou. Ein Dorf vor dem Inquisitor, Frankfurt am Main 1983), London 1978, 13.

Die Leute sagen: Le Roy Ladurie, Montaillou 319.

zwei schwarze Katzen: Le Roy Ladurie, Montaillou 290.

die Kätzer: vgl. Daniela Müller, Katharer, in: Adolf Holl (Hg.), Die Ketzer, Wiesbaden 2007, 207.

41 *Solang ihr nicht Zeichen und Wunder seht:* Johannesevangelium 4,48; 20,29.

42 *einen Drachen mit Weihwasser gezähmt:* Albert Christian Sellner, Immerwährender Heiligenkalender, Frankfurt am Main 1993, 254.

Am weitesten verbreitet: Richard Benz (Hg.), Die Legenda aurea des Jacobus von Voragine, Heidelberg 1984.

43 *spielte sie eine Stigmatisierte:* vgl. Camille Paglia, Der Krieg der Geschlechter. Sex, Kunst und Medienkultur, Berlin 1993, 22.

45 *die Wunderquote der allerseligsten Jungfrau:* »NZZ Folio« 12/1995.

46 *Albert Schweitzer wusste:* vgl. J. D. Crossan, Jesus. Ein revolutionäres Leben, München 1996, 78–80.

an der Pariser Universität: Jacques Le Goff, Das Hochmittelalter (Fischer Weltgeschichte Band 11), Frankfurt am Main 1965, 282.

47 *nicht einmal mehr die Kinder interessieren:* Sigmund Freud, Die Zukunft einer Illusion, Studienausgabe Band IX, Frankfurt am Main 1974, 163.

Das Ziel alles Lebens: Freud, Studienausgabe Band III, Frankfurt am Main 1975, 248.

Das höchste aller Luftschlösser: Ernst Bloch, Das Prinzip Hoffnung, Frankfurt am Main 1959, 1333.

mit aufmunternden Bibelzitaten: vgl. Michael Walzer, Exodus und Revolution, Frankfurt am Main 1995.

48 *Friedens auf Erden:* Lukasevangelium 2,14.

wünschte sich Goebbels: Helga und Karlheinz Wendtland, Geliebter Kintopp. Sämtliche deutsche Spielfilme von 1929–1945, Berlin 1995, 52.

49 *Von neurologischer Seite:* vgl. Thomas Metzinger, Der Ego-Tunnel. Eine neue Philosophie des Selbst, Berlin 2009.

50 *Gelobt sei Er:* Rudi Paret (Übersetzer), Der Koran, Stuttgart 1962, 227 (Sure 17).

Erzählgut der ältesten Lebensbeschreibung: vgl. Hans Jansen, Mohammed. Eine Biographie, München 2008, 19–21.

Zu erfahren ist: Jansen, Mohammed 186–191.

51 *ein Gewaltmensch der Sonderklasse:* Heinz Halm, Das Reich des Mahdi. Der Aufstieg der Fatimiden, München 1991, 225–236.

und dem Staufer unterstellte: Johannes Haller, Das Papsttum. Idee und Wirklichkeit, Band IV, Reinbek bei Hamburg 1965, 96–98.

Als Buchtitel erschienen: Winfried Schröder (Hg.), Traktat über die drei Betrüger, Hamburg 1992.

53 *frühkindliche Blickrichtungen:* vgl. Erik H. Erikson, Der junge Mann Luther. Eine psychoanalytische und historische Studie, Reinbek bei Hamburg 1970, 126–131.

Inbegriff der Barmherzigkeit: vgl. Adolf Holl, Om und Amen. Eine universale Kulturgeschichte des Betens, Gütersloh 2006, 85–88.

während der Nacht: Jansen, Mohammed 68–71.

ein einziges Wunder: vgl. Navid Kermani, Gott ist schön. Das ästhetische Erleben des Koran, München 2000, 233–314.

54 *Was aus der Leiter geworden ist:* vgl. Ludwig Wittgenstein, Tractatus logico-philosophicus. Logisch-philosophische Abhandlung, Frankfurt am Main 1963, 115 (6.54).

55 *mit einem Tuch aus Seide:* zit. nach Jansen, Mohammed 68.

erblickte abermals den Engel: Paret, Der Koran 441 (Sure 53).

Wer will über etwas streiten: Paret, Der Koran 441 (Sure 53).

in der Nähe von Busra: Jansen, Mohammed 41–53.

56 *Wenn sich das Auge verdunkelt:* vgl. Paret, Der Koran 516–521 (Suren 100 bis 114).

an das Ende des Koran gerückt: Heinz Halm, Der Islam. Geschichte und Gegenwart, München 2002, 14.

Die Zerschmetterung: vgl. Paret, Der Koran 516 (Sure 101).

57 *Bei Durchsicht der Akten des Prozesses:* vgl. Adolf Holl, Brief an die gottlosen Frauen, Wien 2002, 106–117.

58 *im Zusammenhang seiner Forschungen:* »Wespennest« 144, September 2006, 77–82.

59 *eine Studie über zwei Persönlichkeiten:* Catherine Clément/Sudhir Kakar, Der Heilige und die Verrückte. Religiöse Ekstase und psychische Grenzerfahrung, München 1993.

Mein Blick fiel auf das Schwert: Clément/Kakar, Der Heilige und die Verrückte 122.

60 *Die indischen Meditationspraktiken:* vgl. Axel Michaels, Der Hinduismus. Geschichte und Gegenwart, München 2006, 285–299.

erwachte Ramakrischna: vgl. Romain Rolland, Das Leben des Ramakrischna, Oberwill bei Zug 1986, 72–74.

61 *Der Neid unter Priestern:* vgl. C. Bernard Ruffin, Padre Pio. The true story, Huntington (Indiana) 1991, 178f, 190, 191.

64 *als privilegierten Empfänger göttlicher Traumbotschaften:* vgl. Robin Lane Fox, Pagans and Christians, London 1986, 675.

Nach sorgfältiger Prüfung: Benz, Legenda aurea 357.

67 *einer bekannten Persönlichkeit:* Frances A. Yates, Die okkulte Philosophie im elisabethanischen Zeitalter, Amsterdam 1991, 90.

68 *die erfolgreiche Kontaktaufnahme:* Yates, Die okkulte Philosophie 101–104; 197f.

69 *Mit Alraunen zum Beispiel:* vgl. Gabriele Beßler, Wunderkammern. Weltmodelle von der Renaissance bis zur Kunst der Gegenwart, Berlin 2009.

ließen sich sogar fotografieren: Karl Markus Michel, Grüße aus dem Jenseits. Ein Forschungsbericht, in: Adolf Holl (Hg.), Die zweite Wirklichkeit, Wien 1987, 40f.

70 *allenfalls zwei Steine:* Hans Peter Duerr, Sedna oder Die Liebe zum Leben, Frankfurt am Main 1984, 255.

Wegen der scharfen Kritik: »Time« vom 5.3.1973.

71 *schildert Castaneda minutiös:* Carlos Castaneda, Der Ring der Kraft. Don Juan in den Städten, Frankfurt am Main 1978, 163–165.

72 *die Metapher des Fliegens:* John Frederick Nims (Hg.), The Poems of St. John of the Cross. A bilingual edition, Chicago 1979, 38.

Die nahe Verbindung des Fliegens: Freud, Studienausgabe Band III, Frankfurt am Main 1972, 245.

grobsinnliche Bedeutung: Freud, Studienausgabe Band III, 385.

sozial isolierte alte Männer: Duerr, Sedna 426.

74 *billige Massenware:* vgl. Konrad Paul Liessmann, Kitsch oder Warum der schlechte Geschmack der eigentlich gute ist, Wien 2002.

75 *in kleinformatiger Heftform:* Herbert Weichselbaum (Hg.), P. Pio hat geholfen, St. Andrä-Wördern 2001.

Viele Straßendirnen: Weichselbaum, P. Pio 159f.

Ein Fräulein wurde aus eigener Schuld: Weichselbaum, P. Pio 159f.

76 *Als amerikanische Flugzeuge:* Weichselbaum, P. Pio 108f.

Ein hoher geistlicher Würdenträger: Weichselbaum, P. Pio 134.

die Reise ins Jenseits: Weichselbaum, P. Pio 57.

Übernatürliche Kraftakte: vgl. Peter Brown, Society and the Holy in Late Antiquity, Berkeley 1989, 103–152.

Padre Pio war heilig: Schüle, In Gottes Licht, »Die Zeit« vom 22.12.2003.

78 *als Reiseschriftsteller:* Hubert Fichte, Lazarus und die Waschmaschine. Kleine Einführung in die afroamerikanische Kultur, Frankfurt am Main 1985.

Ihre Einführung in den Priesterdienst: vgl. Michel Dion, Omindarewa – Uma francesa no Candomblé, Editora Pallas 2002.

in Wien getroffen: »Die Weltwoche« vom 21.3.1979.

In den Aufzeichnungen Fichtes: Fichte, Lazarus und die Waschmaschine 168–181.

79 *eine Chemotherapie während der Einweihungszeit:* Fichte, Lazarus 186.

eher entspannt: Fichte, Lazarus passim (Montage).

82 *der Name des Novizenmeisters:* Ruffin, Padre Pio 47–54.

83 *Eine geheimnisvolle Persönlichkeit:* Ruffin, Padre Pio 155.

Wozu das alles: E. M. Cioran, Vom Nachteil, geboren zu sein, Frankfurt am Main 1981, 3.

86 *eine Lawine von Wundern:* André Frossard, Gott existiert. Ich bin ihm begegnet, Freiburg 1970, 136f.

Widerstand zwecklos: Paul Claudel, Religion, Einsiedeln 1962, 9–15.

jahrzehntelanger Briefwechsel: Christian Heidrich, Die Konvertiten. Über religiöse Bekehrungen, München 2002, 255–257.

87 *Wir sind zu erschöpft:* Jean-Paul Sartre, Der Idiot der Familie, Reinbek bei Hamburg 1977, 551f.
das imaginäre Museum der Menschheit: vgl. Jean-François Lyotard, Gezeichnet Malraux, Wien 1999, 392–397.

88 *Einen von ihnen verschlug es:* Daniel L. Everett, Das glücklichste Volk der Welt. Sieben Jahre bei den Pirahã-Indianern am Amazonas, München 2010.

89 *Ein Kulturtheoretiker aus Berlin:* Böhme, Fetischismus und Kultur 24.

91 *Die Bezeichnungen der Heiligenfiguren:* Adolf Holl, Weihrauch und Schwefel. Ein Monolog, Graz 2003, 89–93.

92 *Vor tausend Jahren:* Marc Bloch, Feudal Society, London 1975, 381.
Beseitigung des Thronprivilegs: Hajo Eickhoff, Himmelsthron und Schaukelstuhl. Die Geschichte des Sitzens, München 1993.

93 *eine würdelose Spezies in der Wirtschaftspolitik:* vgl. Colin Crouch, Postdemokratie, Frankfurt am Main 2008.
die unsichtbare Hand des Marktes: Giorgio Agamben, Herrschaft und Herrlichkeit. Zur theologischen Genealogie von Ökonomie und Regierung, Berlin 2010, 338–340.
Der fiktive Thron: Agamben, Herrschaft und Herrlichkeit 289–292.
Sie passieren außerhalb: Agamben, Herrschaft und Herrlichkeit 159–163 (vgl. Summa theologica Pars I, quaestio 105, art. 7).

94 *weil alle überrascht wären:* Für den Hinweis habe ich Robert Sommer (Wien) zu danken.

95 *ein Hauptort im Atlas:* vgl. Michael Hebeis, Schwarzbuch Kirche. Und führe uns nicht in Versuchung, Köln 2010, 208–211.

96 *Befragt wurden sechs Jugendliche:* René Laurentin/Ljudevit Rupcić, Das Geschehen von Medjugorje, Graz 1985, 63–86.

von Fachärzten der Universität Montpellier: René Laurentin/ Henri Joyeux, Medizinische Untersuchungen in Medjugorje, Graz 1986.

97 *keinen wissenschaftlichen Beweis:* Laurentin/Joyeux, Medizinische Untersuchungen 104f.

99 *Wie lange wird euch die Mutter Gottes erscheinen:* Laurentin/ Rupcić, Das Geschehen von Medjugorje.

ein trichterförmiger Lichtkegel: Laurentin/Rupcić, Das Geschehen von Medjugorje 176f.

die obersten Parteigremien: Laurentin/Rupcić, Das Geschehen von Medjugorje 192–194.

100 *Liste wunderbarer Heilungen:* Laurentin/Rupcić, Das Geschehen von Medjugorje 181.

gab zu Protokoll: Laurentin/Rupcić, Das Geschehen von Medjugorje 182f.

101 *in hunderten Verkörperungen:* Walter Famler (Hg.), Das Adolf Holl Brevier, St. Pölten 2010, 153.

102 *Sein legendäres Gespräch:* Ernst Schwarz (Hg.), Bi Yän-Lu. Aufzeichnungen des Meisters vom Blauen Fels, München 1999, 54; Wilhelm Gundert (Hg.), Bi-Yän-Lu. Meister Yüan-wo's Niederschrift von der Smaragdenen Felswand, Band 1, München 1977, 37.

auf einem Schilfhalm: Ernst Schwarz, Das Leben des Bodhidharma. Der Stifter des Zen, Düsseldorf 2000, 249.

Mit der Neun: Werner Eichhorn, Die Religionen Chinas, Stuttgart 1973, 236.

bezeichnet aber auch ein Programm: Michaels, Der Hinduismus 31.

103 *unter einem Pappelfeigenbaum:* Hans Wolfgang Schumann, Buddhismus. Stifter, Schulen und Systeme, Freiburg 1978, 20f.

buddhistische Klöster: Eichhorn, Die Religionen Chinas 193.

Die Vögel gleiten: Gundert, Bi-Yän-Lu 23.

Die Nonne Liu besuchte den Meister: Gundert, Bi-Yän-Lu 415.

104 *dem Jesuiten Hugo Lassalle:* Ursula Baatz, Erleuchtung trifft Auferstehung. Zen-Buddhismus und Christentum, Stuttgart 2009, 52–85.

seines einzigen Freundes: Ursula Baatz, Hugo M. Enomiya-Lassalle. Ein Leben zwischen den Welten, Zürich 1998, 386.

105 *Was dahinschwindet, schrumpft:* Ernst Schwarz (Hg.), So sprach der Weise. Chinesisches Gedankengut aus drei Jahrtausenden, Berlin 1981, 98.

Wie seltsam die Menschen sind: Schwarz, Das Leben des Bodhidharma 167.

106 *Hier hat Platon gebetet:* Für den Hinweis habe ich Nikolaus Roediger (Taormina) zu danken.

Göttlicher Eros, gewähre: Platon, Phaidros 257. – Für den Hinweis habe ich Eugen Dönt (Wien) zu danken.

wenn ich aufwache: Richard Harder (Hg.), Plotin, Frankfurt am Main 1958, 127.

108 *diskutierte bereits als Zwölfjähriger:* Stephen W. Hawking, Einsteins Traum. Expeditionen an die Grenzen der Raumzeit, Reinbek bei Hamburg 1933, 20f.

ein langes Interview: Hawking, Einsteins Traum 176f.

regiert von einem Erstbewegenden: Fragmentum 24, zit. nach Valentin Rose, Aristotelis qui ferebantur librorum fragmenta, Leipzig 1886; vgl. dazu J. M. Zemb, Aristoteles, Reinbek bei Hamburg 1961, 150; siehe auch Aristoteles, Physik 256s; vgl. auch Peter Strasser, Der Gott aller Menschen. Eine philosophische Grenzüberschreitung, Graz 2002, 92–96.

109 *den Zerfall eines Protons:* Für den Hinweis habe ich Norbert Rozsenich (Wien) zu danken.

Dazu sind wir Menschen auf der Welt: Adolf Holl, Magnus Es Domine. Eine Analyse von Confessiones 1,1,1, in: Dienst an der Lehre. Studien zur heutigen Theologie, hg. von der Kath. Theol. Fakultät der Universität Wien, Wien 1965, 191f.

ein unverbesserlicher Spieler: Hawking, Einsteins Traum 64.

göttliche Spielerei: Patrologia Graeca 82, 881–1280.

würfelnde Gottheiten: Johan Huizinga, Homo Ludens. Vom Ursprung der Kultur im Spiel, Reinbek bei Hamburg 1956, 61.

110 *ein rüstiger Endsechziger:* Andreas J. Obrecht (Hg.), Die Welt der Geistheiler. Die Renaissance magischer Weltbilder, Wien 1999, 40–52.

111 *In vormodernen Sinngebungen:* Obrecht, Die Welt der Geistheiler 261–264.
Im ländlichen Ungarn: Felicitas D. Goodman, Wo die Geister auf den Winden reiten. Trancereisen und ekstatische Erlebnisse, Freiburg 1989, 23.

113 *Ich war gestorben:* Felicitas D. Goodman, Meine letzten 40 Tage. Eine indianische Vision über das Sterben und den Tod, Zürich 1996, 28.
von einer Art Blitz getroffen: vgl. Holl, Brief an die gottlosen Frauen 95.

114 *Grund unter den Füßen:* Newsletter Cuyamunge Institute Vol. 22, Nr. 1, Januar 2000.

115 *ein konfessionsloser Vermögensberater:* Andreas J. Obrecht (Hg.), Die Klienten der Geistheiler. Vom anderen Umgang mit Krankheit, Krise, Schmerz und Tod, Wien 2000, 38–53.
Nach der Quintessenz: vgl. C. G. Jung, Zur Psychologie westlicher und östlicher Religion, Zürich 1963, 106–111.

116 *Vorschlag zur Berechnung:* L. Dutens (Hg.), G. W. Leibniz, Opera Omnia, Band 2, Teil 1, Genf 1768, 304.

117 *Gebildete Humanisten:* Keith Thomas, Religion and the Decline of Magic. Studies in the Popular Beliefs in Sixteenth and Seventeenth Century England, Harmondsworth 1980, 314.

118 *einem Grundlagenwerk:* Principia mathematica, 3 Bände 1910–1913.
Selbstzufriedene Pedanterie: Alfred North Whitehead, Religion in the Making, Ohio 1960, 140f.
gemeinsame Urszene: Whitehead, Religion in the Making 19.
Abfolge von überraschenden Ereignissen: vgl. Günther Zehm, Mutter Erde, Vater Gott. Vom Ursprung des Lebens und seinen Gestalten, Schnellbroda 2010, 209–223.

119 *Staunen, sich wundern:* Platon, Theaitetos 155d.
Das Neue dieses Zeitalters: Karl Jaspers, Vom Ursprung und Ziel der Geschichte, Frankfurt am Main 1955, 15.

120 *Gegrübelt wird lediglich darüber:* vgl. Antonio R. Damasio, Ich fühle, also bin ich. Die Entschlüsselung des Bewusstseins, Berlin 2006.

121 *wird zurzeit noch erforscht:* Bertelsmann Stiftung (Hg.), Woran glaubt die Welt? Analysen und Kommentare zum Religionsmonitor 2008, Gütersloh 2009.
Auf die Frage: Bertelsmann Stiftung, Woran glaubt die Welt? 775.
und hatte früh begriffen: Michaels, Der Hinduismus 296–299.
123 *Sri Schankaras Kommentar:* Wilhelm Halbfass, Indien und Europa. Perspektiven einer geistigen Begegnung, Basel 1981, 144–149. – Siehe auch Michael von Brück, Zur gegenwärtigen Entwicklung von Religion(en) in Indien, in: Bertelsmann Stiftung ,Woran glaubt die Welt? 313–325.
Spiegelkabinett von Selbsttäuschungen: vgl. Konrad Paul Liessmann, Philosophie des verbotenen Wissens. Friedrich Nietzsche und die schwarzen Seiten des Denkens, Wien 2000, 120.
Alles Schwindel: vgl. Christina von Braun, Versuch über den Schwindel. Religion, Schrift, Bild, Geschlecht, Zürich 2001.
die Wege des Denkens: Hans Vaihinger, Die Philosophie des Als Ob. System der theoretischen, praktischen und religiösen Fiktionen der Menschheit auf Grund eines idealistischen Positivismus, Aalen 1986, 11f.
124 *als »schöne Mythen«:* Vaihinger, Die Philosophie des Als Ob XXXI.
Offenere Seelen: Vaihinger, Die Philosophie des Als Ob XXIIf.
Es mutierte zum Sprachspiel: vgl. Wolf-Andreas Liebert, Metaphern als Handlungsmuster der Welterzeugung. Das verborgene Metaphernspiel der Naturwissenschaften, in: Hans Rudi Fischer (Hg.), Eine Rose ist eine Rose. Zur Rolle und Funktion von Metaphern in Wissenschaft und Therapie, Weilerswist 2005, 207–233.
126 *Nur noch ein Gott kann uns retten:* »Der Spiegel« 1976/23.
127 *die Regeln des Untergangs:* Jared Diamond, Warum Gesellschaften überleben oder untergehen, Frankfurt am Main 2008.
129 *Seit Menschengedenken:* vgl. Marcel Mauss, Die Gabe. Form und Funktion des Austausches in archaischen Gesellschaften, Frankfurt am Main 1990, 157.

130 *beim Anblick eines nackten Bettlers:* Sulpicius Severus, Vita S. Martini, CSEL I, 109–216. – Vgl. Adolf Holl, Mitleid im Winter. Erfahrungen mit einem unbequemen Gefühl, Reinbek bei Hamburg 1985, 7f.

Die liebenswürdigste Formulierung: Erster Johannesbrief 4,8.

131 *an anderer Stelle ausgeführt:* Adolf Holl, Die linke Hand Gottes. Biographie des Heiligen Geistes, München 1997, 145–147.

133 *Der Wille des Mannes:* Johannesevangelium 1,13.

135 *Jeder für sich:* Titel eines Spielfilms von Werner Herzog (1974).

geringe Zahl von Herren und Besitzern: Adam Smith, Theorie der ethischen Gefühle oder Versuch einer Analyse der Prinzipien, mittels welcher die Menschen naturgemäß zunächst das Verhalten und den Charakter ihrer Nächsten und sodann auch ihr eigenes Verhalten und ihren eigenen Charakter beurteilen, 2. Band, Leipzig 1926, 316f.

136 *Das Bildprogramm in der Apsis:* vgl. G. Brandmann in: »Das Münster« 5, 1952, 7, Abbildung 6.

In turbulenten Zeiten: vgl. Alan Greenspan, Mein Leben für die Wirtschaft. Die Autobiographie, Frankfurt am Main 2007.

wirtschaftswissenschaftlich gesehen: vgl. Ulrich von Suntum, Die unsichtbare Hand. Ökonomisches Denken gestern und heute, Heidelberg 2011, 41–52.

137 *Wir Überlebenden:* Josef Haslinger, Phi Phi Island. Ein Bericht, Frankfurt am Main 2007, 11.

Jetzt ist das Metall abgesplittert: Haslinger, Phi Phi Island 200.

138 *in gut sortierten Devotionalienhandlungen:* vgl. Famler, Das Adolf Holl Brevier 154.

140 *für den ORF:* Produktionsnummer 2006/F8V/208.

142 *Ich muss meine Augen prüfen:* Adolf Holl, Tod und Teufel, Stuttgart 1973, 247.

143 *Er zelebrierte seine Messen:* Ruffin, Padre Pio 290–293.

Die Niederschrift wurde im Juli 2008 begonnen und im September 2011 abgeschlossen.